上海地情普及系列丛书·服务"五个新城"建设
上海市地方志办公室　主编　上海通志馆　承编

走进南汇

吕志伟　吴一峻 ——— 编著

上海人民出版社　学林出版社

"上海地情普及系列丛书"编委会

名誉主任　王荣华

主　　任　洪民荣

副 主 任　姜复生

编　　委　吴一峻　唐长国　黄文雷

（按姓氏笔画为序）

"上海地情普及系列丛书"编辑部

主　　编　吴一峻

副 主 编　吕志伟　杨　杨

承编单位　上海通志馆

总序

今年是上海市地方志办公室、上海通志馆推出"上海地情普及系列丛书"的第四年。第四辑聚焦嘉定、青浦、松江、奉贤和浦东新区五个区,以《走进嘉定》《走进青浦》《走进松江》《走进奉贤》《走进南汇》为题,服务上海"五个新城"发展,我感到很有意义、很有价值。这充分体现了地方志系统围绕大局、服务中心,积极用好地方志资源,发挥存史、育人、资政职能的主动追求。

2017年国务院批复的《上海市城市总体规划(2017—2035)》明确提出:将位于重要区域廊道上、发展基础较好的嘉定、松江、青浦、奉贤、南汇等新城,培育成在长三角城市群中具有辐射带动作用的综合性节点城市。2021年1月,"五个新城"首次写入市政府工作报告,明确将以五个新城建设为发力点,优化市域空间格局。2021年3月,上海市政府发布的《关于本市"十四五"加快推进新城规划建设工作的实施意见》明确:至2035年,嘉定、青浦、松江、奉贤和南汇5个新城各集聚100万左右常住人口,基本建成长三角地区具有辐射带动作用的综合性节点城市。至2025年,5个新城常住人口总规模达360万左右,新城所在区的GDP总量达到1.1万亿元,新城基本形成独立的城市功能,在长三角城市网络中初步具备综合性节点城市的地位。

加快建设"五个新城",是上海积极谋划长远发展的一个重大战略布局,是上海积极落实长三角一体化发展的一个重要举措,也是历史赋予嘉定、青浦、松江、奉贤、南汇五个区域的光荣使命和发展契机。这五个地区地理位置独特、文化底蕴深厚、发展历史悠久、经济基础扎实、特色特点显著。因此,要了解这五个新城,就必须认识它们所在的区域,了解这些区域的发展历史、发展过程、发展特点、发展现状,了解这些区域的人文、自然、社会、文化和经济等方方面面。我想,这也应是"上海地情普及系列丛书"今年这一辑选题的初衷和用意。

从这一辑丛书中,我们可以读到上海的历史和发端,比如上海之根、上海之源;可以读到上海丰富的历史遗产和优秀传统,比如农业技术、"贤文化"乃至珍贵的四鳃鲈鱼;可以读到上海发展历史中众多具有标志性、里程碑意义的"第一",比如上海最早的"卫星城"建设、出口加工区建设;可以读到改革开放特别是新时代以来的上海无数创新成果,比如"科创走廊""东方美谷",特别是临港片区发展,等等。这些内容不仅仅是关于这些地区的,同样代表着上海的历史与发展,集中体现了上海"开放、创新、包容"的城市品格。

"上海地情普及系列丛书"出版以来,坚持以地方志资料为基础,致力于大家写"小书"、专家写普及读物,致力于精心设计和打造。例如,第一辑聚焦"源",第二辑选取"点",第三辑侧重"条",第四辑突出"块",从不同角度比较全面地介绍了上海发展的历史和特色。第四辑丛书仍然采取了专家学者撰写的方式，内容丰富、叙述简洁，读起来通俗易懂。这些工作都是地方志机构和地方志工作者在承担繁重的修志编鉴工作基础上开展的，难能可贵。同时，出版社也给予了大力帮助和支持。地方志普及和开发利用，确实是需要全社会广泛关注和共同努力的。

总之，我觉得，这一辑"上海地情普及系列丛书"是上海市地方志小公室、上海通志馆奉献给广大市民群众和青少年的又一套生动活泼的爱国、爱乡和"四史"教育的好教材，值得一读，值得推荐。

此为序。

上海市第十届政协副主席
国家教材委员会专家委员
上海市教育发展基金会理事长

目录

总序 1

从盐都走向新城 1

向海而生,因盐而兴 9
 南汇是海之子 11
 南汇之名流考 14
 南汇先民如何"靠海吃海" 17
 千年古盐场的海水桑田 23
 知县钦琏济世安民轶事 33
 市长陈毅带领修筑人民塘 38

御倭古城,红色之根 43
 信国公汤和始建南汇城 45

李三郎血战倭寇　49
　　泥城：浦东的"延安"　54
　　李雪舟：安得长风万里乘，杀尽倭奴心胸快　62

依港建城，城为港用　69
　　芦潮港的华丽转身　71
　　跳出黄浦江，建设洋山深水港　78
　　群英荟萃，造东海大桥　89
　　筚路蓝缕，开挖滴水湖　98
　　依托港口，建造海港新城　103

城以产兴，产城融合　111
　　产城融合，建立临港新城　113
　　让"中国制造"扬眉吐气　123
　　创造"特斯拉速度"　130

海韵湖风，人文之城　139
　　临港大学城：一座"五校三院"组成的新兴大学城　141
　　中国第一家国家级航海博物馆寻踪　145

探秘全球最大天文馆　151

国家级非物质文化遗产：南汇锣鼓书　156

南汇名优特产代表："早佳8424"西瓜　159

走向世界的滨海未来城　162

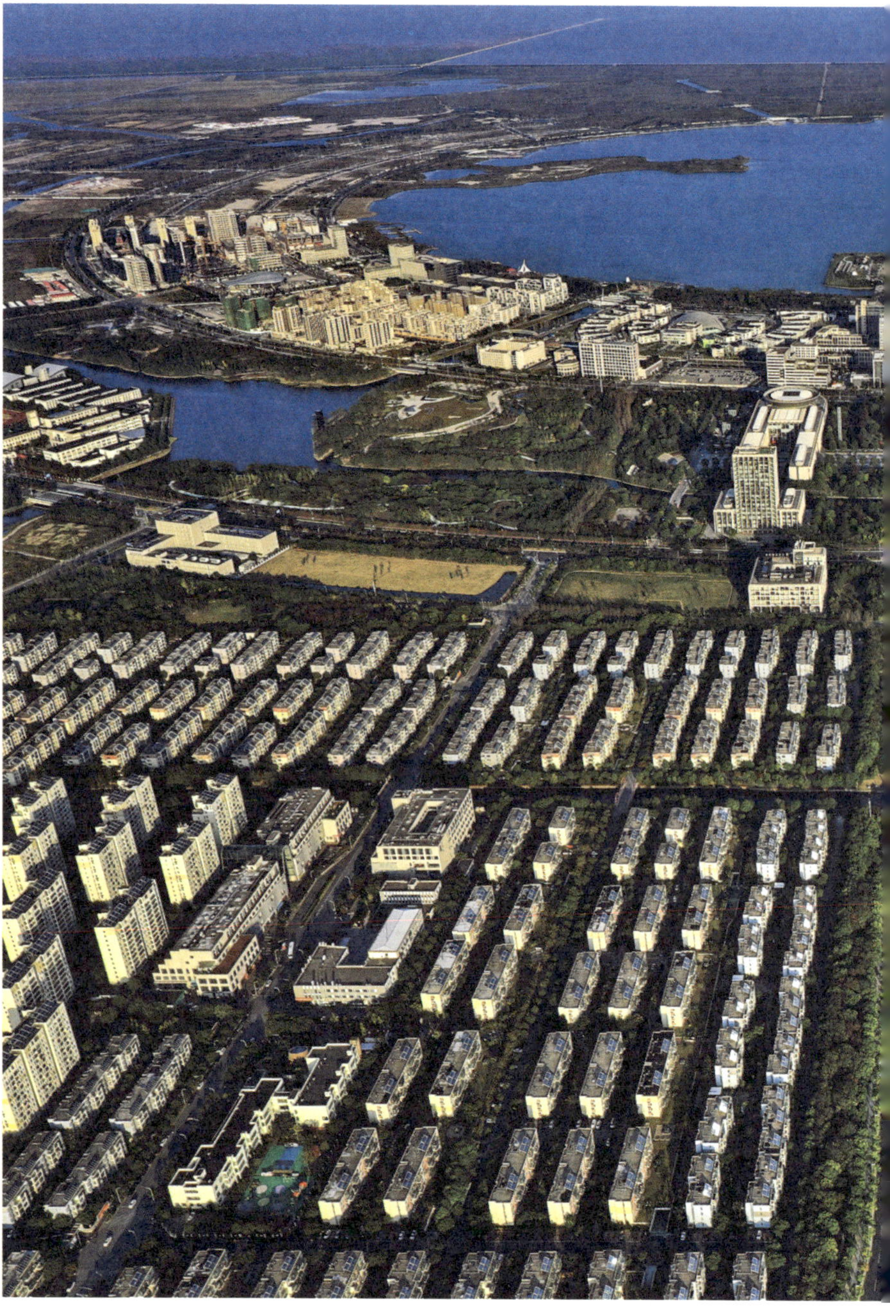

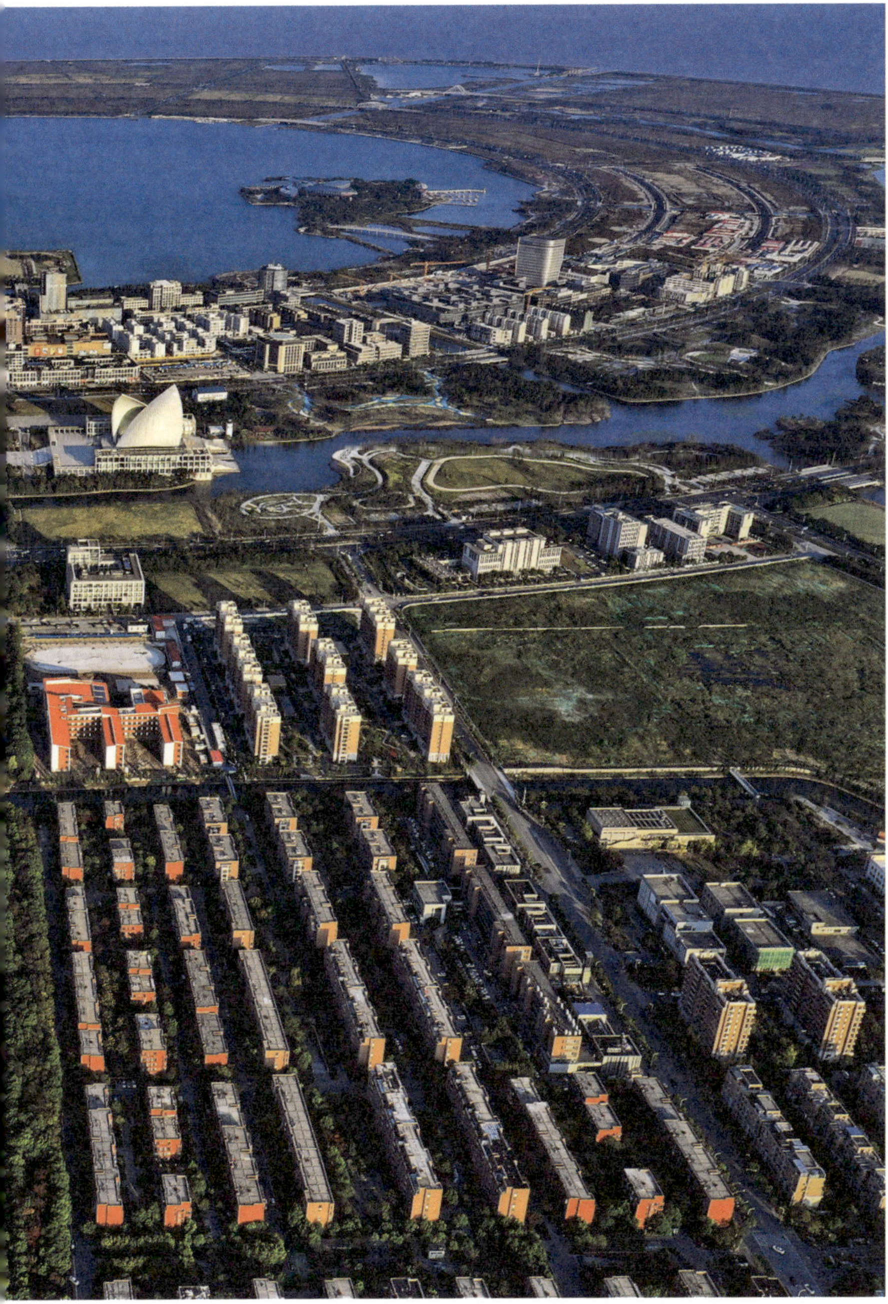

从盐都走向新城

在上海东南角能看到第一缕阳光升起的地方,有一座滨海之城——南汇新城。

南汇新城始于原南汇地区的开发建设。南汇地区是长江三角洲冲积平原的一部分,是上海市郊成陆较晚的地区。境区地势平坦,西部略低,中部略高,东部又略低。东南端突出于东海之中,东西长,南北狭,呈犁形。气候温湿,四季分明,冬夏长,春秋短。春季温凉多雨,夏季炎热湿润,秋季干湿相间,冬季寒冷干燥。

清雍正二年(1724年),两江总督查纳弼疏请清政府将上海县长人乡划出,建南汇县。清雍正四年(1726年)正式建县。1949年5月14日,南汇县解放,归苏南行政公署松江专员公署管辖。1958年11月21日,南汇县从江苏省划归上海市,延续至今。2001年8月,经国务院批准,南汇县正式改设为南汇区,标志着南汇的历史揭开了新的一页,南汇的发展拉开了新的序幕。2009年4月24日,国务院作出《国务院关于同意上海市调整部分行政区划的批复》,同意撤销上海市南汇区,将其行政区域划入上海市浦东新区。新浦东,新布局,新发展——南汇迎来前所未有的发展机遇。

南汇地区地处海隅,古代盐业繁盛。在宋代,南汇地区的下沙盐场是当时东南沿海34个大盐场之一。1996年底，经国务院批准，浦东国际机场开始动工建设。不久，上海洋山深水港开始规划和建设。两港（航空港和深水港）给南汇经济发展提供了新的机遇。南汇成了国内外人士瞩目的热土。

南汇地区的文化源远流长。北宋末年，北方士族随宋室南迁，定居于南汇者甚多，如北宋文学家秦少游之孙秦知柔、诗人储泳定。在元、明两代，南汇产生了一批有影响的文人。明代中医李中梓、秦昌遇名噪一时，尤以李中梓为最，所著的《医宗必读》至今仍是中医的必读书。秦裕伯官至太子侍读、京畿大主考，乃一代名儒。到了清代，顾成天、张文虎都著作等身，为当时著名文人。南汇是江南丝竹的发源地之一。浦东派琵琶祖师鞠士林是南汇人，其弟子陈子敬被清廷赐号"天下第一琵琶"。当代著名的无产阶级革命家、马列主义理论家张闻天为原南汇县祝桥乡人。南汇周浦人傅雷是海内外闻名的文学翻译家。

南汇地区的人民富有爱国主义和革命斗争的光荣传统。明代中叶，倭寇从海上侵入南汇，侵略者见物就抢，见人就杀，村庄被焚毁，妇女被侮辱。南汇人民奋起抵抗，自组民兵，实行人自为战，村自为战，抗击倭寇。哨官李府为了保卫南汇县城，与侄李忝先后壮烈牺牲。乔镗、潘元孝、盛际时3名太学生倾家财，募乡兵，组建的乔家兵、潘家兵、盛家兵勇猛善战，屡挫倭寇，忠烈感人。中国共产党成立后，南汇地区人民的革命斗争更是如火如荼。1926年，南汇人汪裕先在上海加入中国共产党，之后，周大根、沈千祥、赵天鹏等相继加入中国共产党，并在1928年建立中共南汇县委员会。1930年，泥城乡人沈千祥领导的泥城暴动是上海郊县著名的6次农民暴动之一，其影响所及，震动全国。1938年12月，周大根指挥的汇角之战是浦东地区抗日战争初期规模最大的一次战斗，周大根等28名健儿壮烈牺牲，为浦东抗日斗争史写下光辉的一页。

南汇地区的人民在长期的艰苦奋斗中培育了改天换地、自力更生的创造精神。在历史上，南汇地区水灾、旱灾、虫灾、瘟疫几乎连年不断，特别是海溢（海啸）危害尤深。每逢严重海溢，总有成百的村庄被毁，上万居民被淹，灾后田园荒芜，饿殍遍地。像这样严重的海溢，据史书记载，从明成化八年（1472年）到1949年的477年中就

南汇的海边

发生过 25 次。但是，南汇地区的人民并没有被灾害吓倒，而是英勇地和灾害作斗争，顽强地在这块土地上繁衍、创业。历史上遗留下来的古捍海塘、里护塘、钦公塘、李公塘、彭公塘、人民塘等，就是南汇地区人民和灾害作斗争的历史见证。

南汇新城的开发建设是由党中央、国务院决策部署，中共上海市委、市政府具体实施的一项伟大工程。

为配套洋山深水港的开发，南汇新城的建设始于 2002 年。2002 年，这个位于上海最东南端的大滩涂打破千年沉寂，开始了大规模的开发建设：筑堤、吹填、挖湖、建城……这一系列的拓荒式的建设，迈出了上海城市发展从"浦江两岸"向大海进军的坚实步伐。经过 3 年奋战，2005 年 12 月，洋山深水港开港、东海大桥通车，南汇新城（时称临港新城）也正式投入使用。2012 年 4 月，原临港新城更名为南汇新城并成立南汇新城镇。

在奇迹般崛起之后，一个又一个新的奇迹接踵而至。

南汇新城在现代产业、科技创新、城市建设、教卫文旅、生态环境等方面取得了丰硕成果。具体包括以下三部分：

一、城市化进程快速推进，城市基础设施和公共配套逐步积聚。上海海事大学、上海海洋大学、上海中学东校、上海中国航海博物馆等一批功能性、标志性项目相继开工并投入使用，银行、餐饮连锁等服务配套项目先后入驻，配套商品房、普通商品房建成使用，南汇新城进入了由基础设施开发建设向功能性开发建设转换的新阶段。2009 年，南汇并入浦东，南汇新城迎来了新的发展机遇。例如：首家大型商业配套项目"政府支持、国资投入"的农工商南汇新城购物中心同年开工、开业;上海第一个限价商品房项目南汇新城限价商品房项目开工并定向配售给重点区域的高级管理人才;南汇新城首家五星级商务度假酒店滴水湖皇冠假日酒店开业;首家三级甲等医院上海市第六人民医院新城分院投入使用;首条连接市区的轨道交通16号线建成……截至2021年,南汇新城已建成开办独立建制中小幼学校35所,形成上海中学东校、明珠、建平、耀华、世外等教育集团齐聚格局。泥城万达广场、百联临港生活中心、宜浩欧景商业街、桔子水晶酒店等一批项目建成开业,增添休闲购物新空间。申港大道(随塘河西—沪城环路)改建工程竣工,大大提升对外交通出行效率,同时强化道路南北两侧联系,加快区域整体开发,在四通八达的交通网内展现新城别样的风采。南汇新城先租后售公租房三期项目竣工,提供1972套房源,满足临港产业区工作创业人群安居需求。各种社会事业资源不断向南汇新城积聚。

二、产业功能形成高度优质集群。临港产业区牢牢抓住中国振兴装备制造业、发展战略性新兴产业,上海发展先进制造业、建设科创中心主体承载区等重大机遇,通过平地兴产、滩涂造城,建设中国产业能级最高、产业配套最好、人才最为集聚的先进制造业基地,特别是引进中船、中航、上汽、上海电气、三一集团、特斯拉、中芯国际等大型企业,有力支撑上海先进制造业的发展,充分印证上海市委、市政府开发南汇新城的决定是具有战略性、前瞻性的。至2006年,南汇新城产业项目产值超过1200亿元。新能源、汽车、船舶、海洋、

洋山深水港

大型工程五大装备基地框架基本形成，许多国际、国内第一和多个"世界一流"在临港诞生。"临港制造"的品牌效应越来越耀眼。2010年1月，临港产业区摘获国家工业和信息化部"国家新型工业化产业示范基地"（装备产业、航空产业）两项授牌。一个专业化产业园区初显雏形：产业招商签约项目有290多个，总投资约3500亿元；完成68个产业项目土地出让，完成产业投资634亿元；新能源汽车成为新片区首个突破千亿级规模的产业集群；集成电路、生物医药、民用航空、新能源汽车等产业生态加快形成。2021年，临港新片区成功申报"东方芯港""生命蓝湾""大飞机园""信息飞鱼""海洋创新园"5个市级特色产业园区。

三、创造性地提出低碳发展的全新理念，并将其融入城市规划和产业发展。南汇新城地区开挖滴水湖和周边链河，拓宽大芦线航道，建设滨海森林公园，保护沿海生态湿地和人民塘水杉林；制定临港地区绿地建设导则，规范绿化建设，达到30%以上的绿化覆盖率；建成2500平方米楼宇太阳能光伏发电系统、1.3万平方米工业厂房屋顶兆瓦级光伏电站、全国第一座海上风电场、50万平方米配套商品房太阳能集中供热系统。临港新片区成立后，全国第二批海绵试点城市的重点建设项目"星空之境"开园，延伸了由春花秋色公园、二环城市公园等构成的二环城市公园景观带，与滴水湖环湖80米景观带、绿丽港楔形生态绿地等高品质多功能公园绿地共同营造出宜业宜居的生态环境。

南汇新城，是从一片滩涂发展起来的城市，是上海绝无仅有的"样板间"，是属于未来的创新之城、智慧之城、生态之城、活力之城。上海东南角的这片热土，彰显着青春与活力、诠释着温度和幸福。充满"国际风、未来感、海湖韵"的南汇新城，令人期待。

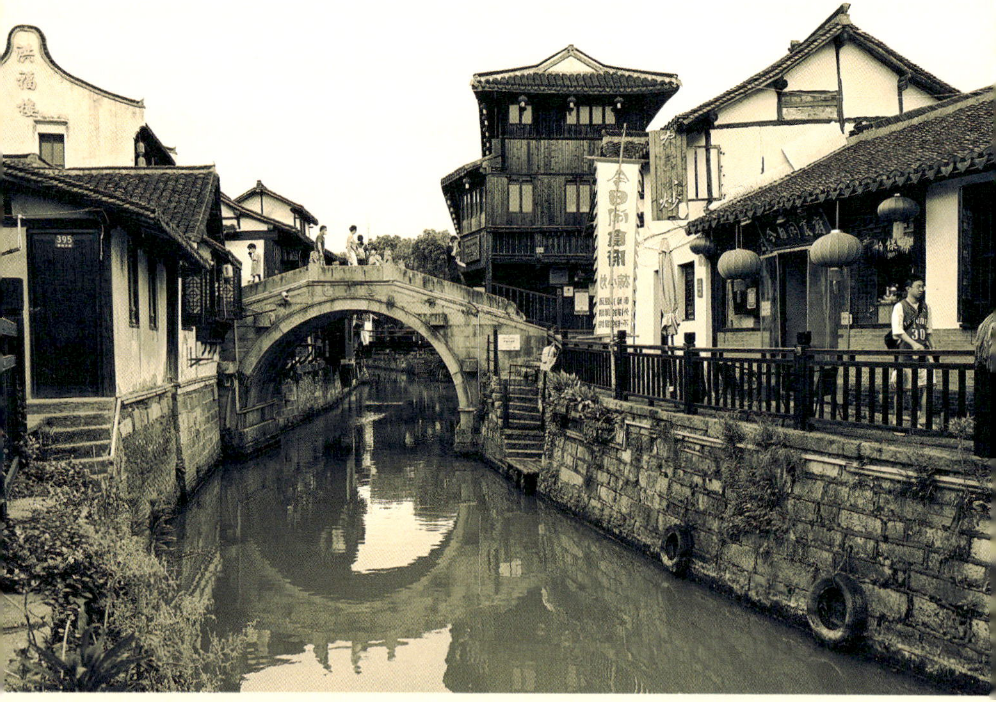
洪福楼
395

向海而生，因盐而兴

南汇是海之子
南汇之名流考
南汇先民如何"靠海吃海"
千年古盐场的海水桑田
知县钦琏济世安民轶事
市长陈毅带领修筑人民塘

南汇是海之子

南汇成陆

　　南汇是上海最年轻而富有生机的地区之一,全境"因海而生"。亘古千年的长江和钱塘江来到东海之滨交臂相拥,滔滔江水裹挟的泥沙日复一日、年复一年的淤积沉淀,便孕育了地处上海东南的

南汇沿海的清晨

"南汇"。

南汇的土地是一直向东海延伸的。2000多年前，南汇地区还是一片汪洋大海。隋唐以后，长江流域人口不断增加，大量天然植被和森林被开垦，水土流失加重，长江挟带的泥沙迅速增加，成陆速度不断加快，海岸线不断向东推移。距今1700年前到1000年前，西起周浦、下沙、航头东至祝桥、惠南、大团一带的南汇中部地区已经成陆。后在南汇三灶、大团地区出土的宋代瓷片和陶片证明了这一点。南汇地区年均淤涨21米，成为上海成陆最快的地区。

向大海要地

自唐开元元年（713年）重筑古捍海塘至今，南汇地区人民为防潮汛侵袭，先后修筑里护塘、钦公塘等十多条海塘。一线海塘向东外移，南汇的土地面积不断向东扩大。

滩涂东涨的速度在各历史时期不尽相同。从713年重筑古捍海塘到1172年修筑里护塘，时隔459年，海岸线向东延伸16公里，造地258.67平方公里。从修筑里护塘到1584年修筑外捍海塘，时隔412年，造地43.33平方公里。从修筑外捍海塘到1884年修筑彭公塘，时隔300年，造地208.67平方公里。从修筑彭公塘到1906年修筑李公塘，时隔22年，造地58.67平方公里。

中华人民共和国成立后，南汇人民"向大海要地"的积极性越来越高。人民塘围垦，造地29.86平方公里。胜利塘、七九塘围垦，造地43.64平方公里。八五塘围垦，造地4.74平方公里。九四塘围垦，造地21平方公里。1995—2006年，各围垦造地公司对东滩实施五期围垦工程，造地146.67平方公里。1997—2000年，各滩涂围垦公司对南滩促淤围地5平方公里。2002年9月至2005年6月，上海港城公司先后实施圈围大堤工程和围区吹堤工程，造地33平方公里。

从1726年设立南汇县到2009年4月撤销南汇区的283年里，南汇人民"向大海要地"453.62平方公里。

海塘促进了集镇的形成。筑塘必挖随塘河，塘身两侧水上交通便利，有助于吸引移民定居，由此海塘沿线逐步形成集镇。古捍海塘一线形成周浦镇、下沙镇、航头镇，里护塘一线形成祝桥镇、盐仓镇、惠南镇、大团镇，钦公塘一线形成黄路镇，彭公塘一线形成老港镇、新港镇。随着一线海塘的东移，老海塘往往在夷平后被改造成公路。

南汇之名流考

南汇古城

南汇之名源于"南汇嘴"。清雍正《分建南汇县志》记载,"南汇地势如犁状,突出洋中,三面皆海,故谓之南汇嘴","南汇嘴,又名老鹳嘴,东南为翁家港,南汇与青村会哨处,极险要"。

古城遗址

明洪武十九年（1386年），明政府为防倭寇，在南汇嘴（今惠南镇）筑城（史称"守御南汇嘴中后千户所"）。该城离海仅1.5公里，属金山卫管辖。清雍正三年（1725年），清政府从上海县划出长人乡建立新县，因县治设在原南汇嘴所城，故县名南汇。

保留南汇地名

2009年，在南汇并入浦东新区后，一个悠久的地名，南汇，消失了。纵使很多老南汇人不舍，但也理解，这是上海发展的一个必要政策。考虑到几百年的南汇行政建制和几十万原南汇人民的期望，原南汇区政协人口资源环境建设委员会在两区合并前根据社情民意建议：在新浦东的版图上保留一个南汇的地名，将临港新城改名为南汇新城。

对如何保留"南汇"地名有两种观点。其一，将惠南镇改为南汇镇。但惠南镇作为原行政中心所在地，已有一定的历史且人们的认同感较强。根据《地名管理条例》，"当地群众不同意改的地名，不要更改"。其二，将临港新城改名为南汇新城。临港新城作为地名，缺乏个性、特色、历史文化内涵，且邻近的江阴有完全相同的地名，在其他地区，类似或完全相同的地名还有多处。根据《上海市政区类地名保护名录》，"南汇"属于"第一保护等级"的地名。按照规定，对属于第一保护等级的地名，要加强保护。

2010年，在浦东新区第四届人民代表大会第二次会议期间，11

位人大代表联名提交了《关于临港新城更名为南汇(嘴)新城》的议案,建议临港新城改名为南汇(嘴)新城,传承历史,保存人文记忆。2012年,临港新城更名为南汇新城并成立南汇新城镇,让"南汇"这个古老的名字永远地保留了下来。

2020年,在上海五个新城建设座谈会上,专家对如何称谓位于浦东东南角的新城,各抒己见。南汇新城从开始建设至今才20余年,而南汇新城历史上隶属的原南汇地区成陆至今已有1000多年历史。因此,为增加历史厚重感,最终讨论确定新城名称为"南汇新城"。

南汇先民如何"靠海吃海"

南汇先民来自哪里

早期,当南汇西部地区还是海边滩涂时,有少量居民居住。随着滩涂的延伸,陆地面积逐步扩大,南汇先民不断迁来定居,繁衍生息。

南汇先民多数为移民。北宋末年,由于金人入侵,皇室南迁,北方士族地主随之南迁,定居在南汇周浦及原属南汇的闸港、杜行一带,如谈怡、李邃、王迪、陆文祥、瞿榆维等北方士族,都是携家族奴仆一起随皇室南迁定居于周浦、下沙等地的。这些士族及奴仆的后裔在南汇下沙以西的居民中占有相当高的比例。

元代初期,当时以下沙和新场为中心地带的盐业发展起来,下沙盐司从外地招进大量的灶丁(煮盐工)。元顺帝时期,下沙盐场灶丁达1.57万余名。这些灶丁

古街

携家带眷，在南汇定居下来。

在清代，随着海水东移，滩涂延伸，南汇逐渐向东开发。许多大地主、大富翁，如盛、邵、马、王、徐、龚、黄、奚等姓氏数十户，以大团为基地，保领"望水还粮"的荡田，招募外地穷人来垦殖。清末至民国期间，江、浙腹地战乱连绵，民不聊生，大批来自启东、海门、崇明等地的农民来南汇东部定居，垦殖海滩。这些移民后来被称作"大沙人"。在南汇老港、新港、东海、泥城、书院、果园等乡，"大沙人"占有很高的比例。

1949年上海解放以后，大批北方干部南下至南汇工作，多数定居于南汇。到20世纪60年代，南汇又接收了外省市及其他郊县的下放工人1万余人。

富有海洋特色的南汇生活习俗

"靠山吃山，靠海吃海。"南汇人的生活始终与海洋相连。最早散居于鹤沙一带的南汇人就是以捕鱼、煮海制盐为生的。南汇沿海居民的饮食以海产品为主。从前，南汇沿海居民大多贫困，无田，很少种植蔬菜食用，而南汇海滩的海产品较为丰富，一年中有各种海鲜被沿海居民捕捉食用。其中最普遍的有梅童鱼、刀鱼等。沿海地区居民海鲜的吃法与非沿海地区的居民大有不同。如沿海居民能将白虾生吃，而内地居民是不敢这样食用的。沿海居民习惯制作鱼干、咸鱼、鱼子酱、蟹子酱等海产品，在平时食用。

芦潮港海产品

渔民在船上吃饭的规矩更具有典型的海洋饮食风俗特点。如上船后第一次吃鱼，必须把生鱼先拿到船头祭海龙王神。

在服饰习俗方面，古代南汇人夏季的衣饰一般以"少""露"为特点。如用兜网捕鱼的渔民为了能在海滩上迅速移动，下身只穿单一的裤衩。冬季，因沿海海风大，潮湿寒冷，人们的穿戴一般以"束""厚"为特点。男子大多头戴"行灶帽"（可拉下来只露出眼睛、嘴巴），上身穿土布棉袄，下身穿长裤。妇女头上兜方格子的土布方巾，上身穿土布棉袄或土布夹袄，下身穿棉裤、套土布作裙。春秋季节，南汇沿海渔民大多穿深色土布的对面襟布衫。为避免在捕鱼时让网纱拉住纽扣，一般都钉暗纽（将纽扣钉在衣服里面）并在腰间加系布带。

鞋子也颇有海洋民俗特色。春秋季节，在船上捕鱼的渔民大多赤脚或穿布鞋。在田间劳作时，习惯穿草鞋。草鞋由自己编制，原料就地取材。南汇海滩上长有一种钢草，比茅草柔软、坚韧、细长。秋天，人们把钢草拔回家，晒干后编制草鞋。用钢草编制的草鞋坚韧柔软、牢固耐穿。冬天，人们都习惯穿蒲鞋。秋天，只要从海滩上或河浜边拔取成熟的芦花，配以钢草、稻柴做鞋底，即可编制成蒲鞋。这种蒲鞋轻便保暖，是过冬理想的保暖鞋。

在居住方面，从前南汇沿海居民大多就地取材，居住草房。他们用芦苇中间夹稻草编成"翻稀编"作房子的墙壁、屋顶。屋顶上盖上一层很厚的稻草或海滩边的茅草，形成屋茅。为防止大风将屋茅吹坏，他们还用旧渔网罩或较粗的稻草绳串上芦苇覆盖在上面。屋茅每年翻新一次，渔民将表层腐烂的茅草或稻草撤掉，添加一层新的茅草或稻草。由于年年添加，屋茅会越加越厚，最厚的甚至有三四十厘米厚。屋茅厚实，不仅防雨，还起到隔热保温的独特作用，这样的茅草房具有冬暖夏凉的优点。

渔民则以渔船为家。以前，十分贫穷的渔民连草房也搭不起，暂栖在人家丢弃的破船里，用篷布等物略加遮掩，居住其中，苦不堪言。20世纪70年代的渔民建造了真正集船与屋于一身的"水上人家"。"水上人家"有大有小，但都具有功能相似的船舱，如"生活舱""储藏舱"等。不同地区的"水上人家"上生活着不同类型的渔民。芦潮港地区的"水上人家"上生活的大多是以海上捕鱼为生的渔民，其他地区的"水上人家"上生活的则大多是以内河捕鱼为生的渔民。

海洋非物质文化遗产

在长期的捕捞过程中，南汇地区形成了以抄塘网、牵兜网、推花网、扳罾网、蛏冲与蛏钩、捕蛤钉耙、定置网、翻缸网、青拖网、网仓等为代表的近 100 种渔具及渔具制作工具，并发展出成熟的制作技艺、本地化的取材方式、合适的捕捞方法和顺应时令的完整捕捞体系。2017 年 8 月，南汇新城镇成功申报了第六批浦东新区非物质文化遗产名录项目——《渔具的制作和捕捞技艺》。现在，南汇新城镇文化服务中心还经常开展培训班，让居民们亲自体验这项流传已久的传统手工艺。

南汇地区靠海的土地盐碱化严重，农作物产量低。为了维持生计，有的农民半农半渔，有的还开始利用滩涂野生资源，逐渐形成了以捕鸟为生的群体，并在实践中创造了许多诱捕鸟类的工具和手艺。"鸟哨"就是其中之一。

"鸟哨"原名"摹鸟短笛"，后改名为"鸟哨"。"鸟哨"原为南汇沿海农民捕鸟时诱鸟的一种吹奏工具，随移民迁入而形成于清末民初，至今已有一百多年历史。其技艺和功能由浙江河姆渡遗址出土的七千多年前古人用于狩猎的"骨哨"演变而来。20 世纪 80 年代后，捕鸟的生产习俗已不复存在，用"鸟哨"捕鸟的技艺转化为民间文艺表演样式，而"鸟哨"也成为鸟类研究机构召引野鸟的辅助工具。"鸟哨"的制作和使用出色地运用传统工艺和技能，体现出高超的民间

群鸟迁徙

手工技艺和吹奏技巧。"鸟哨"用舌腔控制气流吹奏，能逼真地摹仿20余种野鸟鸣叫。"鸟哨"发出的声音在合奏时似春鸟催春、百鸟朝凤，具有独到的艺术效果，吹"鸟哨"也因此成为沿海民间文化中广受欢迎的项目。

吹"鸟哨"可查证的传人至今已经到了第四代，其代表人物主要有来自原芦潮港镇汇茂村的唐氏、原庙港村的袁氏、原外中村的董氏、朱氏等。2007年，"鸟哨"成功入选上海市第一批非物质文化遗产名录。

千年古盐场的海水桑田

下沙(古称下砂、鹤沙),原泛指航头、下沙、周浦、川沙等一带的沿海地区。这一带原为斥卤之地,早在隋代已有人煮土盐,唐代已有煮海熬波制盐之业。唐开元元年(713年)重筑旧捍海塘后,当地政府对海潮风暴有所防范,从此集居者增多,盐业迅速发展,经济逐步繁荣。五代至宋初

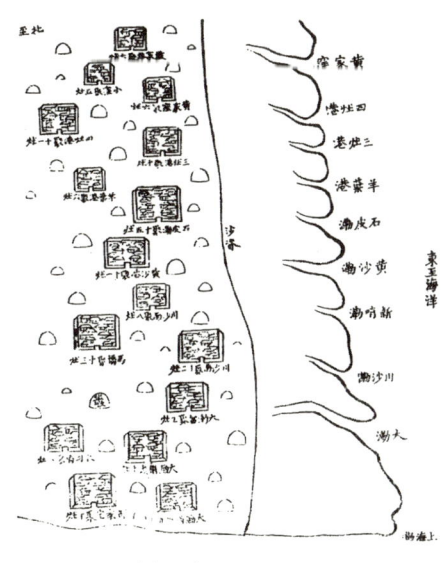

下沙盐场盐灶分布示意图

时期,下沙盐场已是华亭五场之一,其盐场规模、产量、质量、税额已居华亭诸盐场之冠。南宋建炎年间(1127—1130年),下沙设立盐监署,置两浙盐运使司松江分司。于是当地官宦频临,商贾云集,人文荟萃,盐场也兴盛了几个世纪。可以说,下沙是南汇地区的千年古镇,是南汇县的前身。

"浙西家第一"

早期下沙盐场由瞿氏与唐氏管理,后瞿氏世裔独管盐务事权,官位显赫,获盐利累累。到元代,瞿氏家族有田13万顷,号称"浙西家第一",成为宋元时期的世家大族。

瞿氏家族以管理盐政发家致富,在元代享尽荣华富贵,不断扩建宅园,直至形成一个豪华的大庄园——瞿氏园。园名最早见载于宋代文献,庄园在元代由两浙盐运司使瞿霆发扩建。据下沙镇志编修人员考证,园址东靠咸塘港,南起盐铁塘,北至服装厂,西达马奶桥港,占地约20公顷。园内水榭亭台,荷池回环,奇石假山,幽径迂曲,小桥流水,蜿蜒曲折,澄澈碧透,绿树成荫,被誉为"东南园林之最"。瞿氏园主要建筑和景观有百客堂、琴轩、宝书楼等。

百客堂由瞿霆发兴筑。瞿氏历任盐官,家道巨富,平时好宾客,遂建百客堂为宴宾会友之所。客堂规模宏大,气势不凡,雕梁画栋,富丽堂皇。平时宾客满堂,盛宴不绝。元代陶漠有咏《百客堂诗》,称"燕子落堂隅,莺声起榆柳。纷纷肃有人,今日堂前酒"。其描述的就是当年宴客的盛况。

琴轩为瞿霆发收藏古琴的场所。瞿霆发自幼聪慧好学,对古琴情有独钟。发家之后,他千方百计收集名琴、古琴100余张,特建琴轩收藏陈列,当宾客好友相聚时,便开轩玩赏一番。

宝书楼是瞿氏家族的藏书楼。瞿氏家族入仕为官后,十分重视子孙后代的教育。瞿霆发在世时，曾多次捐赠田地给西河书院和上海县学。元皇庆元年（1312年），瞿霆发长子瞿时学捐田93.33公顷，在瞿氏家庙后面创设鹤沙义塾，教育瞿氏子弟，也兼收外姓子弟入学。其办学条件胜过当时的上海县学。

浴马池在瞿氏园北部，是当年瞿氏家族供马匹洗浴、饮水的池塘，四周以石板砌筑，南侧有石板台阶供马匹、人员上下。元代严格禁止民间收藏兵器和饲养马匹，瞿氏家族不仅堂而皇之地饲养马匹，还专为养马开凿一处浴马池，可见其享有较大的特权。

明洪武十三年（1380年），瞿家被抄家籍殁，唯留长子，以存家族世系。瞿家即告衰败。

盐场轶事二则

下沙盐场流传下来了与盐业有关，反映盐业生产、盐民斗争的民间故事。《下沙镇志》记载了其中的两篇。

其一是新场由来。宋、元、明时期，下沙镇上有盐监衙门，管理盐业生产和征收盐税。衙门的公差时常四处敲诈勒索百姓，也经常到茶馆为非作歹。于是，大家商议出一个对付公差的办法，由茶馆老板引诱镇上一位王姓公子（其人的亲眷在京城为官，为人清正、刚直）来茶馆斗蟋蟀。一天，正当这位公子斗蟋蟀兴意正浓时，衙门公差闯了进来，众人慌忙藏隐蟋蟀。可公子还想玩下去。公差到来，不仅败坏了公子的兴致，还扬言捉赌，威吓敲诈众人。公子十分气恼，给公差"啪啪"两耳光,并质问:"你们是管盐的,怎么管到茶馆里来了,分明是滋扰、敲诈百姓,给我滚!"公差看此人来头不小,垂头丧气地溜回去了。

公差回到衙门,向上司禀报了遭痛打的事。盐场官听后,不加调查,就呈文上宪(上司),说有人胆敢殴打公差,要求严惩。过了几天,上宪文书到来,说下沙已不产盐,无需设立盐监。盐场官顿时惊得目瞪口呆。原来这位王姓公子打了公差后,回家立即写信给在京城做官的亲眷,说下沙盐场衙门对其滋扰、敲诈之事。为此,下沙盐场衙门被撤,迁址南场,又称新场。

其二是王家公子设淡宴。清代,下沙盐场衙门(已迁新场)的公差与盐枭勾结,专捉卖盐小贩。当时,下沙镇王家很有权势,南汇县知县也怕他三分。一日,王家公子见公差追一位掮了两箩盐的小贩,让小贩进其家门,买了盐并叫其从后门离开。一会公差追来,这位王家公子摆上丰盛菜肴招待,可菜肴都是淡的。吃罢,公子又殷勤挽留三日,可每餐都是淡而无味。公差实在忍不住,问公子:"何故菜肴都是淡的?"公子笑曰:"盐都被你们捉光了,买不到,只好淡吃。"并说:"掮盐小贩都是贫苦人,为了生活,不得已而为之。回去告诉你们的主子,今后不应捉小贩,而应捉盐枭。"公差回到衙门,如实禀报。从此,盐监衙门专缉盐枭,再也不捉卖盐小贩了。

因盐而兴的南汇古镇

南汇因盐而兴的古镇不少,比较有名的有周浦古镇、新场古镇、下沙古镇等。由于地利优势，南汇的先民很早就以盐业为生，宋代以来纷纷建有盐场、盐仓等晒盐、贮盐之地，后来一步步发展为远近闻名的盐镇。

新场古镇地处长江冲积平原上，1600多年前，这里只是由大海中的礁石群形成的一个小岛。直到唐中后期，随着海水退去，新场逐渐成陆。先民开始聚集于此，繁衍生息，利用海边优势发展盐业。传说在新场受恩桥石头湾的沙中曾发现石笋，深不见底，因此，新场过去叫石笋里、石笋滩。其实，这只是当年护堤打下的石柱，后因水流冲刷而露出本来面目，犹如石笋一般。

新场的得名源于宋代下沙盐场之南迁。随着陆地向东南延伸，盐

新场古镇入口

场也随之迁移。宋建炎年间,两浙盐运司署迁盐场于此。人们称下沙为"老场",而称这里为"新场",其名沿袭至今。新场完全是一座因盐而成、因盐而兴的江南古镇。

到了元代,新场盐业发展进入鼎盛时期,盐产量之高、盐灶之多,胜过浙西诸盐场。随着盐业的快速发展,商人盐贩纷纷聚集到这里,于是新场人口急剧增加。当时新场镇上歌楼酒肆林立,商贾云集,同时"人文蔚起",因此,有了"新场古镇赛苏州"之誉。新场繁华程度一度超过上海县城。当时人们对新场的赞誉是:"浦东十八铺,新场第一镇。"虽然盐场兴盛,但是盐民的生活并不轻松。当时就有一首描述盐民生活艰辛的歌谣《盐民十头歌》在当地传唱:"前世不修,住在海滩头,屁股(头)夹根竹头,东(场)头跑到西(场)头。豆腐干一样(大小)一条被头,盖着当中盖不了两头。吃饭用钵头,有了早饭没夜头。青菜加草头,拌来拌去没吃头。有囡不嫁海滩头。"

当时的盐民也尝试自食其力地改良盐场土地,坊间至今还流传着一则"石头湾"的故事。传闻中,陆姓和张姓两位盐民无意间发现一块地势不错的地方,却是一块盐碱地。不过两位盐民想,这块土地只要多用水浇灌、多施肥就可以农作了。于是,他们改良土地的盐碱性,种植农作物,慢慢带动了周围的一些盐民从事农业生产。

明末以后,随着海岸线的东扩,新场盐产量渐渐下降,盐业风光不再。加之战乱等变化,几经兴衰,新场古镇逐渐失去了昔日的繁华。新场古镇因为过去交通不便,古镇风貌保护较好,是沪上古镇中

新场水乡石桥

古建古街保留得最为本色的地方。走进新场，漫步街巷，一股古朴的江南水乡风韵扑面而来。高挑的斗檐、青灰的瓦楞、斑驳的粉墙，似乎在诉说着岁月的沧桑。

周浦古镇也是一座因盐而兴的古镇，不过，它依托的不是海，而是黄浦江。周浦位于浦东西北部，黄浦江东岸，是航运河网的中枢，内有周浦塘与近海的各条灶港河相通，外与黄浦江相接，交通极为便利。因此，在宋代，周浦镇成为下沙盐场盐运中心。宋末元初，周浦地区盐场东移，农业兴起。随着棉粮种植业的发展，棉粮加工业兴起，手工纺织业率先发展。用木制纺车和布机纺织的纱巾和土布质优耐穿，价廉物美，当时曾以"上海杜布"闻名全国，官方曾设土布收购处，在周浦东南的王家布庄（现牛桥村）专事收购。明弘治年间（1488—1505年），周浦由村落逐步发展成为集镇，其商业、手工业又进一步发展。

到了清代，由于居航运中枢，周浦发展成为浦东地区最大的粮棉集散地，汇聚四百余户商家，有"浦东十八镇，周浦第一镇"的美誉。清雍正四年（1726年），南汇建县，设便民仓于周浦，周浦境域大幅扩展，成为"街道迥复，绵亘四五里，东西街夹咸塘港，南北街夹周浦塘，居民稠密"的"通邑巨镇"，自然景色与人文胜迹交相辉映，故民间有"周浦八景"之说，即木鱼古冢、永定晨钟、姚桥望月、文阁听潮、生池鳞泳、杨桥海眼、火烧梅岭和罗汉青松，但现存无几。现今川周公路4482号的浙宁会馆见证了周浦自清末至民国的极盛商贸。

描绘"煮海成盐"技艺的《熬波图》

元至顺年间（1330—1333年），下沙盐场副使陈椿编制完成《熬波图》并锓版出书。陈椿，浙江天台人，约在元至顺元年（1330年）至元元统二年（1334年）间任下沙盐场副使兼下沙盐场头场场长。陈椿是一名颇具事业心的盐场官员，对下沙盐场盐业的发展有颇多建树。为使下沙盐场煮海熬盐的精良技术传承下去并发扬光大，他承前辈之业编撰完成《熬波图》一书，从而使下沙盐场的煮盐文化得以保留至今。

元代是南汇盐业最兴旺的时期。在陈椿未到盐场之前，当地民间有一幅反映制盐过程的长卷《熬波图咏》。《熬波图咏》一书原仅有图,是陈椿前任守仁和守义(姓氏不详)兄弟两人的遗作,但未问世。陈椿上任后,从守义的儿子天禧处看到《熬波图咏》长卷后,即承其遗志,将此长卷重新审订、补充、绘制和编纂,而且还在每幅熬波图后面附上诗一首,以志(方志)说明,从而使该书内容更加充实和完备。这使后人不仅了解到当时煮海熬盐的各个步骤和方法,还了解到当时煮盐的渊源和法度以及盐民的生活和劳动状况。陈椿把《熬波图咏》从长卷改为册页,共计52幅,书定名为《熬波图》。《熬波图》成书锓版之后,并未引起世人的重视,几乎要失传。直到明永乐八年(1410年)时被辑入《永乐大典》,但已有缺佚。清乾隆四十二年(1777年),学者在辑四库全书时,将其从《永乐大典》中辑出为单行本。清嘉庆年间(1796—1820年),御画院曾摹有一本。1914年,罗振玉录其题跋,印入《雪堂丛刻》。1916年,《熬波图》复印入《吉石庵

熬波图

丛书》。1935年，经上海通社影印后，列入《上海掌故丛书》第一集。

现存的《熬波图》有47幅图，反映出南汇先民制盐的流程：①在海滩边建棚舍，作为白天干活时歇脚的工房；②开挖沟渠，把海水引到摊场；③筑摊场，去掉杂物，在上面撒上草木灰；④引海水，或用水车把海水接到摊场，让海水在阳光下蒸发浓缩，并让草木灰吸收；⑤把盐灰用水淋，淋出卤，再收集起来；把卤挑到灶户的灶头上烧煮，制出糊状盐；⑥把糊状盐撩到篦子上晒，直至析出晶体成盐；⑦把盐用船或人力运送入仓库。《熬波图》对促进盐业生产是一大贡献。有人评价其价值可与《天工开物》相并论。

延伸阅读：

南汇许多老地名源于盐业生产。上海市浦东新区档案馆编写出版的《浦东轶事》中有《下沙盐场与浦东制盐业》一文。其中有如下列举：

团：是分场下的制盐单位，以后人们就用作地名，如一团又称头团，今称大团。

灶：原是煮盐的灶座，后来也作为地名，如三灶、六灶等。

路：是各团、甲由盐场从陆路运盐到里护塘运盐河的路，后来作为地名，如黄家路、邬家路、顾家路、龚家路等。

港：从水路运盐的东西横向河道称作灶港，如一灶港至南六灶港，旧盐港、卖盐港、老港、新港等均由此得名。

仓：储存盐的仓库，以"仓"为地名的如盐仓（四团仓）、倪家仓等。

知县钦琏济世安民轶事

钦琏（1685—1745），浙江长兴人，清雍正元年（1723年）进士。清雍正四年（1726年），钦琏任新建的南汇县的知县。清雍正十一年（1733年），再次担任南汇知县。钦琏是一个有理想、才能和政治节操的官员，短短两任南汇知县，为南汇做了很多好事：他主持修的"钦公塘"200多年从未决堤，是南汇百姓的"命塘"；他在南汇城内兴建占地二十余亩的学宫，取名"芸香书院"，为南汇培养了无数人才；他负责的官署、粮仓、惠南桥等工程建设奠定了南汇县政治、经济、文教发展的基本格局。因此，钦琏为后世百姓感念，被尊称为"钦公"。

钦琏画像

修"钦公塘"

"钦琏修海塘"的故事在南汇几乎家喻户晓。长期以来南汇面临东海，地势较低，经常要受到海潮的袭击，百姓苦不堪言。清雍正十年（1732年）的一场海难，让南汇百姓损失惨重。地方志书上记载："民死无数，六畜无存，室庐皆为瓦砾场，不辨井里，塘西险处亦如之。"钦琏作为县令，"厚民俗、遂民生、苏民力、去民害"，集全县之力，兴筑海塘。怎样修筑好海塘呢？钦琏倾听百姓的意见，请沿海百姓献计献策。修筑海塘，定位很重要。钦琏就采用民间测量地势高低的土办法，以砻糠作为测量仪，先将砻糠撒在海滩上，涨潮时砻糠浮在水面，随潮水飘浮涌入滩涂，然后再根据砻糠落定的位置修筑海塘。这样修筑的海塘由于顺着潮水流向而自然弯曲，在涨潮时受潮水的直接冲击力小，不容易溃堤。

筑堤工程十分浩大，加上当时正值灾后荒年，钦琏便采取"以工代赈"的办法，鼓励南汇妇孺老幼一起上阵参加运土劳动，终使艰巨

钦公塘遗址

的筑塘工程如期完成。为纪念钦琏领导民众筑塘抗灾的功绩，当时当地9个团为钦琏各修了一座生祠，以铭记他的功绩，并把这条海塘命名为钦公塘。民众心里有杆秤。尽管钦琏率民筑塘已经过去了200多年，但位于今曹路镇启明村钦公塘脚下的那座龙王庙里还是供奉着新塑的钦琏像。浦东还流传一首《竹枝词》。其云："压住蛟龙气不骄，危塘坚筑势岩晓。村中多少闻香火，只合钦公庙里烧。"以此讴歌和纪念钦琏主持县政，为民筑海塘的业绩。钦公塘在挡住了200多年的海潮之后，随着海岸线的东移，到了1972年逐渐演变为南汇川南奉公路的路基。古老的海塘、消失的海塘，留给我们的是比百里长堤本身更久的怀念、更深的思考、更崇高的敬意。

钦琏修海塘的故事激励着一代代南汇儿女。例如，程中原所著的《张闻天传》一书中就有记载："全国水利局河海工程专门学校招生广告吸引了张闻天……张闻天乐意投考'河海'，童年时代，筑塘捍海，兴修水利的钦公，就是他心中倾慕的人物。能够像钦琏那样，治江、治海、造福人民，岂不是理想的职业。"于是，中国共产党重要领导人之一的张闻天从"河海"（南京河海工程专门学校的简称）起步，逐渐走上了为人民谋求幸福、奉献一生的革命道路。可见民俗精神作用之巨大。

兴建学宫

古代南汇被称为"斥卤之区、土瘠民贫"，且"学宫未建、弦诵声稀"，因此，"民多愚笨"。为了改变南汇百姓贫穷落后的面貌，钦

南汇学宫

琏想到应先从教育着手，于是决定在县城兴建学宫。

学宫规模较大，占地有二十余亩，由孔庙、儒学署、明伦堂、芸香草堂、惠南书院、文昌宫等组成。孔庙，亦称文庙，系学宫主要建筑。大成殿是文庙正殿，殿内正中设大型神龛，安放"至圣先师孔子"神位，前方两侧四个神龛为颜子、孟子、子思、曾子神位，东西墙内设七十二弟子神位，殿前两庑内设有诸葛亮、范仲淹、欧阳修等著名文人神位。学宫建成后，南汇人民终于有了读书和进行文化活动的场所。从此，南汇百姓的学习之风慢慢得以传扬。

编纂首部县志

南汇虽然地处偏远，但是"民风淳朴""男耕女织"，为国家创造

钦琏编纂的首部南汇县志

了大量财富。因此，钦琏认为有关南汇的"水道、兵赋、风土、人物之属"应予一一记述，以不愧先民和后代，决定编纂南汇县志。

为编纂南汇县志，他先后聘请了顾成天和叶成为主笔，但是不久两人都奉调进京。此时已卸任的钦琏仍决心完成这件大事，便自任主笔，把志稿带在身边离开了南汇。从雍正四年到雍正八年（1730年），钦琏为编纂南汇县志呕心沥血。他数次重返南汇，进行实地调查研究，搜集资料，核证事实，终于在雍正九年（1731年）出版了南汇历史上第一部县志——《分建南汇县志》，为浦东人民留下一笔丰厚的精神财富。

市长陈毅带领修筑人民塘

抗日战争初期，国民党张发奎的部队在李公塘西坡挖掘数个直径2米宽的战壕，李公塘塘身遭到严重破坏，抗击台风和大潮能力下降。1949年7月24日，南汇县刚解放不久，6号强台风登陆，最大风速超过38米/秒，风力达12级。此时正值起汛，又遇暴雨，在风、雨、潮的袭击下，东海沿海地区的李公塘几乎全被摧毁，灾难殃及整个南汇县沿海地区，淹死1200多人、1.27万多头牲畜，房屋倒塌1.8万多间，3.5万人无家可归。

时任中共中央华东局第二书记、上海市市长陈毅当即号召上海各

南汇解放初修建海塘

界投入抗灾救灾和抢修海塘的战斗中去。8月29日,陈毅市长视察炮台浜海塘抢险工程,指示上海市工务局局长赵祖康在潮讯高峰来临之前筑成新海塘。(《高桥镇志》编纂委员会编:《高桥镇志》)江苏省松江专区所属的川沙、南汇(川沙、南汇时属江苏省)政府分头积极组织抢修。社会各界也纷纷上街义演,募捐钱物。在海潮决堤后的几个月里,抢修海塘成为上自人民政府下到黎民百姓的头等大事。

在松江地区党委主持下,1949年8月10日,南汇县3万军民上塘,海塘抢修工程全线开工。经过一个月的艰苦奋斗,于9月8日完工。共计筑土65万立方米,铺设装土麻袋30万包、芦枕266.5吨,险要处加插木桩1.2万根,用工62万工日。在当年农历中秋节举行的工程验收大会上,大会一致通过了陈毅市长建议命名新海塘为人民

人民塘

塘下公路

塘的提议（仲富兰：《上海六千年》——"与海夺田"与浦东海塘），其时人民塘全长近50千米。1950年后，人民塘逐年加高加固。到了1957年，塘身高度达到7.5～8.5米的标准，顶面宽至5米，抗御台风海潮的能力达到百年一遇的标准。1956年6月1日至9月30日，南汇县有7次台风经过，其中8月1日的台风风力达12级，潮位超过1949年6号强台风，而人民塘却岿然不动。

从1963年开始，南汇海塘管理所开始在海塘青坎上植树造林，使人民塘等海塘成为上海首屈一指的防风林带。1973年，顺着人民塘

走向，在内侧修建的塘下公路全长 42.5 公里，既利于防汛抢险物资的输送，也是沿海的一条交通干道。

现在的塘下公路被游客称为上海"最美公路"，媲美美国 66 号公路、冰岛一号公路。公路两侧有茂密层叠的水杉，夏季是葱翠的绿色，一到秋天就变成一片金黄，阳光透过树影间隙撒在公路上，成了绝美的光影，而冬天北风吹来，地上铺上一层厚厚的金黄色水杉叶，显得诗情画意。

李雪舟烈士故居

御倭古城，红色之根

信国公汤和始建南汇城

李三郎血战倭寇

泥城：浦东的"延安"

李雪舟：安得长风万里乘，

杀尽倭奴心胸快

信国公汤和始建南汇城

走进南汇中学的大门,来到一座小土山的东侧,可以看到"古城遗迹"四个醒目大字。"古城遗迹"镶嵌在一段用大青砖垒叠而成的古城墙上。这段城墙就是建造于明洪武年间的南汇城的一部分。

明洪武年间,上海地区的经济已经较为繁荣,但沿海没有设防,倭寇屡屡在沿海登陆,大肆掠夺骚扰,使上海一带的经济和人民生命财产饱受摧残。当时,今惠南镇地区一年之内遭倭寇入侵达四五次之多。

元至正二十七年(1367年),原元朝浙江行省右丞相方国珍归顺明朝,其次子方亚关被任命为虎贲卫千户镇抚,带兵在沿海修筑所城和台墩。在信国公汤和指挥下,军民们沿南汇滨海兴筑17个台墩及所城等。台墩上建有瞭望哨所和烟笼,墩下建有营房,分兵把守。若遇到敌情,守军便施放烟、火,传递情报,组成了一道坚固的海防线。南汇城亦为其中之一,时称"守御南汇嘴中后千户所",当时属金山卫统辖。

明洪武十九年(1386年),明政府在南汇嘴(今惠南镇)筑城,离海仅1.5公里。南汇城由安陆侯吴杰主持,城呈方形,长、宽各1公里,城前设烽火墩十一处。城墙高7.3米,底宽8米,设四城门,东曰观海，南曰迎薰，西曰听潮，北曰拱极。另有水关两座，东曰静海关，西曰通济关。四城门处各有月城一座，城上设门楼、角楼各四座，敌台四座、箭楼四十座、雉堞一千七百九十垛。城外有护城河，河面阔十丈，深一丈四尺，河上架设吊桥。城外护城河上，除东门设有里、外两座吊桥外，其他三门各设吊桥一座。东、西两座水关，一旦有事，可以关闭。在无垠的浦东平原上，唯此城独秀，居中临海，历来是兵家必争之地。

从洪武十九年建城到20世纪60年代城墙几乎全部被拆除为止，

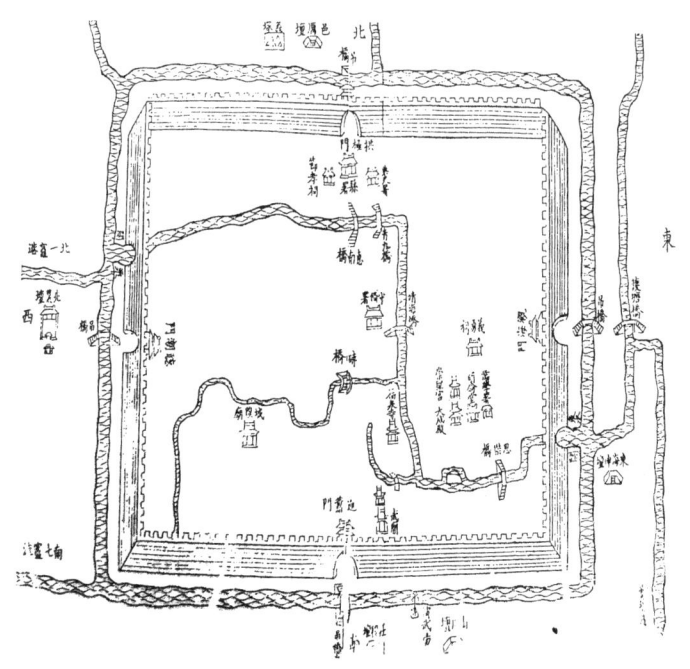

南汇古城示意图

期间近600年的时间里，南汇城有修有扩。第一次大修在明永乐十五年（1417年），城墙增修6里多，墙高增修5尺，城壕也挖深、拓宽。70多年后，到弘治初年，古城进行了一次重修，后在明正德、万历两朝也有大修。到了清朝，随着城墙老化，修的频率越来越高。清初，小修几乎每年有，但屡修屡毁。南汇建县后，在雍正、乾隆、道光年间，对城墙的修葺一直不断。但城的中心基本保持不变，就是人们称之为"十字街头"的地方。在今天惠南镇的老人中，还有人把这个地方称之为"鼓楼头"，因为最早此地建有鼓楼一座。此鼓楼是明朝时期的军事辅助建筑，而非宗教场所。它是用来击鼓传递信息、发号施令的。鼓楼建在城的中心，在距离上到四个城门是一样的，目的是为了让鼓声传到四个城门的效果也一样。

南汇城从抗倭斗争至抗日战争、解放战争，数历战火洗礼，几经劫难，在南汇历史上留下了许多光辉的篇章。"大跃进"年代及"文化大革命"后期，古城被拆毁殆尽，仅剩一段40米的古城残垣在南汇中学内。2002年5月29日，古城墙被南汇区人民政府定为区级文物保护地点。

在明代，自洪武至嘉靖150余年间，南汇地区长期处于战备状态。洪武十九年兴筑南汇城和17座烽火墩，到了嘉靖三十六年（1557年），又增筑川沙堡，在沿海组成一道边防线。在清代，南汇沿海太平100余年，但武备仍不松懈，在明17座烽火墩外又加筑了17座烽火墩。这些古城和台墩的遗址，有的还有迹可寻，有的只留下地名。

明清时期南汇地区的海防设施在守御南汇这方土地中发挥了巨大的作用，功不可没，使南汇沿海地区有了一个较为安定的社会环境，为其社会经济的发展提供了有利条件。明嘉靖年间，南汇军民在几次反抗倭寇骚扰的斗争中虽然付出了巨大的牺牲，但这些防御设施为消灭敌人、保护家园发挥了重要作用。南汇作为沿海的一个军事要地和当时海防线上的重要一环，永留史册。

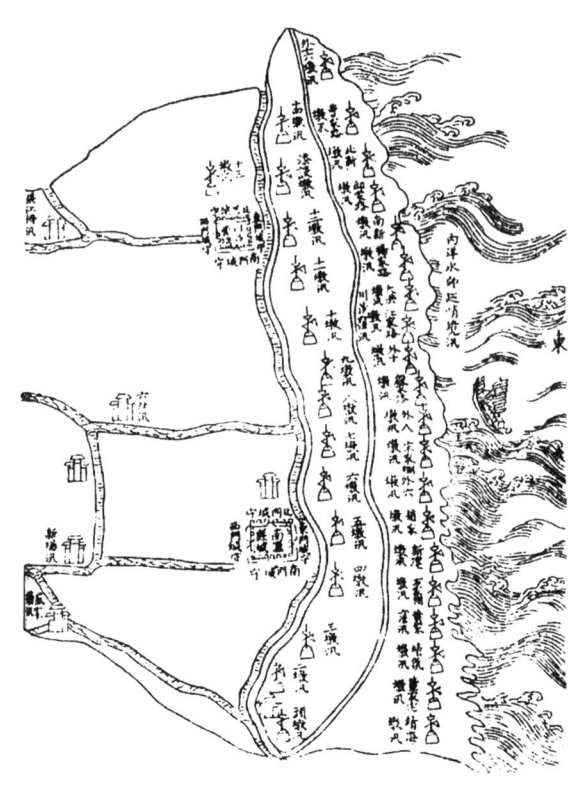

海防巡守示意图

李三郎血战倭寇

元明时期，南汇地区制盐业处在鼎盛期。由于经济的发展，倭寇就把南汇当作一块"肥肉"，接二连三地盘踞在这里，大肆抢掠。然而，南汇人民为了捍卫家园，万众一心，举起刀枪，奋起反抗，一次又一次地粉碎了倭寇掠夺南汇的阴谋。于是，在这里传诵着许多的抗倭斗争故事。《南汇县志》就记载了李三郎血战倭寇等几场著名的战事。

李三郎血战倭寇

明嘉靖三十二年（1553年）农历三月的一天，倭寇进攻南汇城，守御南汇嘴中后千户所哨官李府亲自率领他的二儿子李香及哨兵、族丁30多人力战倭寇，斩杀倭寇40多人，打得敌人大败而逃。

当夜，倭寇前来偷袭。一倭寇虽已爬上城墙，但刚好被巡夜的李府察觉，他乘敌不备，上前一刀斩杀，随即唤起士丁，与倭寇展开激战，迫使倭寇丢下一些尸体逃窜。第三天，倭寇再度攻城，李府开城迎敌，斩杀倭寇2人，但倭寇佯退，李府追敌时中了埋伏，他和李香及部分士兵中箭牺牲。

次年3月，倭寇再犯南汇城。年仅17岁的守城哨官李忝（李府侄儿），乳名三郎，为报亲人和乡亲之仇，开城迎敌，连斩3名倭寇，逼使倭寇逃窜。是夜，倭寇又来偷袭，但被李忝发觉，他手起刀落，斩敌于城墙上，随之又见敌登云梯而上，他急中生智，推倒城垛，使敌堕身城下。第二天，倭寇强攻。李忝组织守城士兵展开城上攻击，伤敌无数。倭寇设谋，故意在城下齐呼："谁是李三郎，敢站出来吗？"三郎中计，挺身而立并说道："三郎在此！"倭寇暗中用鸟铳集注而发，三郎中弹死于城上。守城将士悲愤异常，一战士登上城垛对敌高呼："三郎在此！"敌对此将信将疑，不敢恋战，率残兵逃窜。后来，人们为纪念李府、李香和李三郎三位抗倭英雄，在南汇城东门建造了一座李将军忠勇祠。

连笔华桥包围战和新场保卫战

明嘉靖三十二年（1553年）农历二月，倭寇王直率部侵入川沙，分兵两路深入内地，一部分经上海北上进攻嘉定，另一部分南下，企图占领新场后再入侵南汇城。为了保卫家乡，盛际时招募盐民200人，组成盛家兵进据新场，设垒防守。当时参加保卫新场之战的，除盛家兵外，还有潘元孝组成的乡兵300人和闵电组成的义团约千人。为了取得这次战斗的主动权，他们决定以盛家兵留守新场，潘部和闵部则开赴前线，配合陈宝所率领的镇江民兵进行半路截击，包围倭寇前部于连笔华桥（今名保佑桥，在今坦直乡境内，跨五灶港上）。这

保佑桥

支完全由乡民组成的队伍,作战勇敢,人人争先,歼敌颇多,屡获胜利。但是由于当时朝政腐败,官军未能及时前赴支援,而倭寇却援兵不断,使连笔华桥包围战终因众寡极为悬殊而失败,潘元孝、陈宝战死。

连笔华桥包围战失败后,倭寇大部队直迫新场,新场保卫战开始。盛家兵以骁勇善战著称,他们人数虽少,但在倭寇大部队压境的情况下,毫不畏惧,步步为营,寸土必争。新场保卫战中最著名的战斗是倭打战桥一仗。倭打战桥,今名义顺桥。相传桥头有倭寇坟一座,底深不可测,其中所葬的都为当时被杀死的倭寇尸骨,数量很大，可见当时此战的激烈程度。

白沙湾之战

明嘉靖三十三年（1554年）农历七月，倭寇再次进据川沙，撤民居为营，打算长期驻守下去。参将卢镗率外地调来的兵士前往攻打，结果中倭寇埋伏，几乎全军覆没。倭寇得势后，决定侵扰南汇境地，此时适值少林寺僧兵前来增援，战倭寇于白沙湾。少林僧兵人数不多，却个个勇猛善战，奋不顾身地直捣敌营，毁倭寇停泊在岸边的舰船三艘，斩敌百余人，令敌营大乱。但是就在这战争的紧要关

川沙城墙

头，官军因上次的失败，畏缩不前，未能及时给予支援，结果让少林僧兵身陷敌阵，为首僧人了心、澈堂、一峰、真元等最后都力战而死。

六团湾阻击战

明嘉靖三十四年（1555年）正月，侵占川沙的倭寇入侵南汇境地。乔镗为保卫家乡，经批准后募得沿海盐民2000余人，组成团练，并在3个月的时间内筑成护海塘90里，决定以此为屏障进行抗击。六团湾是由川沙沿海进入南汇地区的必经之路，乔镗就在这里给倭寇有力的阻击。由于官军董邦政部配合作战，这场阻击战斩敌500余人，零星逃散的倭寇大部分亦被俘获。

上述的故事仅是可歌可泣的抗倭斗争篇章中的几件。这些故事显示了南汇人民在抗击入侵者时不屈不挠的大无畏精神。南汇人民抵抗倭寇侵略的英勇事迹将永远激励后人为国为家前赴后继、一往无前。

泥城：浦东的"延安"

泥城是原南汇县东南沿海的小镇，俗称泥城角。泥城虽小，但是一座光荣、英雄的城，堪称浦东的"延安"。1930年，这里发生了闻名全国的泥城农民武装暴动，建立了浦东第一个苏维埃政权。1938年，震撼浦东的汇角之战打响了浦东抗日第一枪。周大根、沈千祥、赵天鹏、姜氏兄弟等革命烈士的英名载入上海革命烈士史册。

"泥城农民武装暴动"

泥城附近海滩可以晒盐。这里的海滩荡地多数被当地大地主及松江、苏州的"育婴堂"（旧时收养弃婴、孤儿的机构）所霸占。当地群众多数是崇明、通州（今南通）一带来泥城垦荒的穷苦百姓。他们初来时，与地主的契约中订定每亩佃租为800文，但垦熟之后，地主随意加租，至1929年时，每亩佃租已增至7块银圆。荡田土质不好，"十年九荒"，不宜种稻，农民以种棉为主，丰年每亩产籽棉70斤，荒年不过20斤。农民卖一担棉花只有11元，除去肥料、种子等工本，再交佃租5—6元，收入所剩无几，一遇荒年，农民处境就非常艰难。农民为了活命，也去海滩晒盐。以晒盐为生的盐民深受当地警察分局和盐霸的残酷剥削和压迫。官府在横港设有泥城警察分局,在小泐港设立了盐廒(缉私营),豢养30多名盐警,独霸盐的收购和出售,低价向盐民收进,再高价出售。若农民和盐民私自卖盐,一旦被盐警抓到,轻则没收盐和工具,重则毒打一顿还要坐牢。这一切让农民、盐民对反动政府和地主盐霸切齿痛恨。

1930年8月,中共江苏省委认为泥城党的力量较强,群众基础较好,决定在泥城发动武装暴动,成立南汇苏维埃政府和工农红军。8月9日晚9时许,武装暴动开始。暴动群众组成两个大队,由宋根生、顾亚光分别担任两个大队的负责人。宋根生、顾亚光、姜文奎等人使用短枪,其余人均手持大刀、镰刀、扁担等,在沈千样、黄理文率领下,按计划向小泐港盐廒进军。小泐港盐廒有二三十间房子,三面环河,一面是竹篱墙,只有一座桥可通。暴动队伍奋勇地冲过桥,占领了盐廒,迫使驻守盐廒的30多名警察携枪翻越竹篱墙狼狈逃走。他们从盐廒中缴获两箱子弹和警察未来得及带走的皮

泥城暴动旗帜

包（内有衣服和钱）等物，并将盐廒烧毁。接着，队伍进军大地主、恶霸叶冬生家（盐廒北边），可是叶一家早已逃走。考虑到靠近叶家的群众房舍的安全，他们没有放火烧房，仅分掉叶家的衣服、布匹等物。

从叶家出来已是后半夜，沈千祥、黄理文率领暴动群众奔袭横港的泥城警察分局。该局有一正房和两厢房，围墙高，大门牢固。暴动队伍到达时，敌人并无准备，宋根生、顾亚光、姜文奎等人越墙而入，接着，暴动群众破门而入。他们与敌人激战了半个小时，打死敌人7名，俘敌1名，余敌则仓皇逃走，缴获长短枪10余支、银元与纸币600多元。接着，队伍进军横港大地主朱心田家。朱家人早已逃

建立泥城临时苏维埃政府的布告

走,他们抓到一名账房先生,搜出朱家埋藏的3支短枪,同时将从朱家查抄出来的钱、衣服、粮等物分给群众,烧了地主的田契、借据、账册。

3月10日上午,群众大会召开。会上升起红旗,大会宣布成立苏维埃临时政府,成立工农红军第二十二军第一师并以苏维埃临时政府和红军司令部名义通知下午1时召开苏维埃会议,同时贴出许多红色布告。中午时分,队伍抓到敌探1名,经审问得知敌人已派兵镇压,驻周浦镇的警备二师的两个团正在扑来。暴动指挥部据此立即决定:将原定下午召开的会议推迟,立即疏散群众,留下骨干和积极分子共100多人,于下午3时许从朱心田家撤到海边。撤退时,上级组织向沈千样交待:一、队伍不能解散,等省委指示;二、12日派人去鲁家汇的一个尼姑庵里听取省委指示。

10日傍晚,敌人尚未到泥城,沈千祥率队攻打外三灶保卫团,保卫团却早已逃走。接着,队伍去攻打万祥保卫团,敌人也已逃走。午夜后,暴动队伍从海边向奉贤地区转移,11日,在偷鸭泖(现奉贤县平安乡)外边小鸡窝的张老虎和陆杏林家里宿营。12日晚,队伍向西转移到奉城外边的老白露宿营,天亮后即派顾福先去鲁家汇尼姑庵与上级党委联系。顾福一直等到傍晚,也未见省委有人来,即返回报告。这时敌人已实行戒严,暴动队伍活动很困难,因此,沈千祥等人决定将无武器的人分散隐蔽,留下有武器的20多人向东转移。他们在海滩芦苇丛中,昼伏夜出,一直坚持到14日,却仍然得不到省委的指示。当夜,沈千祥带几个人到大团镇向吴仲超报告,经过研究,大

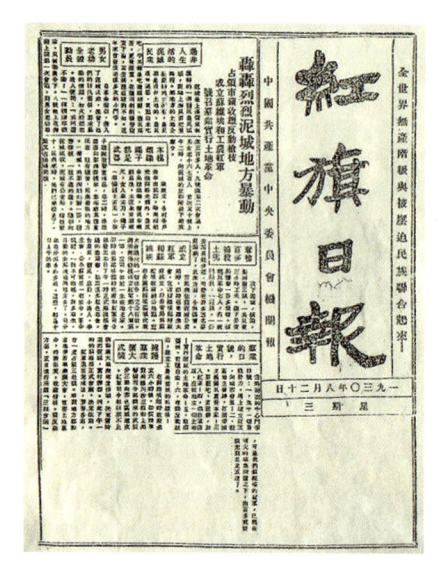

《红旗日报》有关泥城暴动的报道

家决定将暴动队伍暂时分散隐蔽,把武器埋藏起来,沈千祥、姜文奎、宋根生等领导人则分头赴上海找省委。因敌人在泥城地区大肆搜捕革命群众和通缉领导暴动的负责人和骨干分子,沈千祥等无法再回泥城。省委即派沈千祥到浦南为松金县委负责人并对其他骨干人员做了安排。

泥城暴动虽然失败,但得到了中共中央的肯定。1930年8月20日,中共中央机关报《红旗日报》在头版头条详细报道了泥城暴动的经过。泥城农民武装暴动是中国共产党领导下浦东最早的一次农民武装斗争,创建了浦东第一个苏维埃政权与中国工农红军第二十二军第一师,在浦东升起了第一面革命的旗帜。

汇角之战

1937年底,中国共产党员吴建功在泥城一带动员当地人民出钱出枪、出人出力,首先建立起近20人有20支枪的泥城保家卫国团,这是南汇第一支抗日革命武装。1938年初,周大根等人受中共江苏省委派遣,由上海返回泥城与吴建功等人汇合,一起进行抗日活动。同年2月,卫国团取得了国民党南汇县保卫团第二中队(以下简称"保卫二中")的番号,并由中共浦东工作委员会派工委委员朱君务担任政训员。之后,中共浦东工委又动员一批农民、教员、小手工业者和上海难民中的失业工人、流亡学生参加"保卫二中"。过了半年多时间,队伍就发展到200多人,有重机枪一挺、轻机枪数挺、步枪人手一支,活跃在马厂、泥城角、北横港、石皮泐、中横港等五个乡的区域。

1938年12月13日,侵沪日军集结1000多名兵力,从周浦、祝桥、南桥等据点出发,向东南大举扫荡,沿路烧杀抢掠,无恶不作,而国民党"忠救军"(忠义救国军的简称)却望风而逃。14日日军占领新场,15日抵达大团。同时,日军飞机也在空中侦察。"保卫二中"在驻地房子上面放了好多竹枝、树枝作伪装。15日下午,形势越来越紧张,中队长周大根决定撤离驻地横港。于是,"保卫二中"的五个区队200多人向东南方向撤到汇角以南、彭镇以东一带,分散驻扎在三处。

首任南汇县委书记周大根

16日一早，日军集中力量对"保卫二中"的活动地区进行大扫荡，并且从上海市区出动两架飞机，在东海上还有汽艇配合地面部队作战。"保卫二中"指战员（指挥员和战斗员的简称）虽知敌我力量悬殊，但斗志甚坚，决心歼敌。周大根集中了部队，埋伏在汇角海滩芦苇丛中，当日军逼近之后，即奋力杀敌。两军激战一小时半，日军佯作后退，实际上却设伏待变。至下午4时许，"保卫二中"指战员误以为敌已退却，就从芦苇丛中走出来，暴露了目标，日军便从四面八方包围了"保卫二中"。周大根当机立断，指挥战士奋勇迎战，造成几名日军被击毙，并指挥部队趁机突围。但是，终因力量悬殊，"保卫二中"部队伤亡很大，其中周大根不幸中弹壮烈牺牲。最终，战士们退入芦苇丛中撤退。整场战斗持续约六小时，共牺牲28人。

自1940年起，泥城的抗日勇士们分批奉命南渡浙东，开辟了浦东第一个抗日革命根据地。

为纪念先烈，教育后代，1986年10月泥城当地政府在南芦公路1887号建立了泥城革命传统教育基地，原新四军淞沪支队支队长朱亚民为基地题名。基地占地面积6000余平方米，内有革命烈士纪念碑亭、革命烈士事迹展览厅。2005年，政府又在原址基础上把基地扩建为泥城革命史迹馆，列为浦东新区爱国主义传统教育基地。2014年4月，红色泥城主题馆正式开馆。红色泥城主题馆占地面积7900平方米，建筑总面积2000平方米，由大型纪念广场、史迹展馆和泥城颂厅三个部分组成，真实展现了第一、第二次国内革命战争、抗日战争、解放战争、抗美援朝各个革命时期泥城儿女抛头颅洒热血的英勇事迹以及建设发展时期泥城人民在红色精神指引下勇立潮头，励精图治的辉煌业绩。

延伸阅读：泥城革命史迹馆内有一座大型雕塑碑，并记有碑文：

上世纪初，神州激荡。我泥城仁人志士，迎马列而神往，举赤旗而奋身。一九二六年，工农运动已燃星火，真理曙光，映红南沙。第二次国内革命战争时期，泥城举行千人暴动，宣布成立苏维埃临时政府与中国工农红军第二十二军第一师。剑锋所指，江浙撼动。抗日战争时期，泥城抗日武装——南汇县保卫团第二中队，打响浦东抗日第一枪。汇角战斗，壮怀激烈，二十八壮士血洒疆场，英名不朽。建党至今，共九十七位泥城儿女，生当豪杰，死亦鬼雄！览先驱血沃大地，新城临港而日新月异。叹碧血桃花，灼灼有情；思英魂早归，长依家乡。值此抗战胜利六十周年，泥城暴动七十五周年之际，勒碑铭记，永昭后人！

李雪舟：安得长风万里乘，杀尽倭奴心胸快

李雪舟

在南汇新城洋山大桥西北侧，60多年来有一个为纪念李雪舟烈士而命名的村庄——李雪村。李雪舟（1914—1947），化名李逵，号秋水、白萍，书院镇人，医生、诗人。李雪舟19岁从医，在抗日战争中，以医生职业为掩护，投身革命斗争。1947年4月25日深夜，在国民党保安团"清洗"时，李雪舟不幸被捕。在忍受酷刑的一昼夜中，李雪舟宁死不屈，严守组织机密。在赴刑场的路上，他面无惧色，高喊革命口号。当天晚上，一名贫苦农民冒着生命危险，收殓了李雪舟的遗体。

杏林圣手

李雪舟出生于海滨一个贫穷的家庭，受孙中山革命思想的影响，自幼有忧国爱民之心。"于天下治乱，人民之利病，每多隐忧"，立志

"为他人之幸福而舍己,真为好国民矣"。他小学毕业后因贫失学务农,1932 年,师从他的表兄著名老中医吴友斐学医,决心用医术造福人民。他在《行医吟》中写道:"愿得杨枝一滴水,不羡人间万户侯;莫道济民唯国士,良医良相本同流。"他白天黑夜历雨经霜奔走于穷乡僻壤,常常为贫苦农民、渔民免费诊治,甚至解囊相助。学医期间,他在其表姐夫中共党员鞠耐秋的引导下,开始接触革命思想。日军侵占浦东后,李雪舟目睹日军暴行,义愤填膺,在一首七绝《素怀》中写道:"长夜漫漫何时旦?烽烟四起民涂炭,安得长风万里乘,杀尽倭奴心胸快。"

李雪舟是当地名医,医术高明,他的家也自然成为新四军伤病员的医疗站和隐蔽地,不少伤员在他家中得到了掩护和救治,重上战场。他遵照党的统一战线政策,团结教育一些民间武装和民主人士与新四军合作,一致抗日。他以治病为掩护,深入伪乡长、贩私盐的武装头目吴阿乱的部队,配合新四军浦东支队代表,传达支队领导"建立友谊、互通情报、互相支持、共同抗日"的统一战线方针。吴阿乱被他们的一身正气和共产党的统一战线方针所折服,当即决定赠送一万发子弹支援新四军浦东支队攻打祝家桥日寇据点。以后,李雪舟又几次和吴阿乱联络,使其帮助抗日武装筹措弹药,护送伤员到上海就医,抵制派捐派粮。

组建文化研究社

1944 年,李雪舟联系当地十余名知识分子组建文化研究社,其中的成员有陈东梅（原名陈恭，教师）、程和平（原名陈旭升，医生）、郑慕安（原名陈砥柱，教师）、周根福（商人）、潘志吾、宋昌（原名宋子铭，道教法师）、伊明（原名尹冠群，中共民运工作人员）、宋平德（原名宋阿根，农民兄弟同盟会主席）、老傅（原名李富清，浙东行政公署任命的南汇县县长吴建功的警卫员）。社址设在李雪舟家中诊所内，由李雪舟任主任。研究社不定期集会，交流各自创作的诗文作品。其间，李雪舟创作《踏春》《报怨仇》等诗篇。

研究社在交流诗作时，还常常抨击时弊，分析形势。研究社组织学习《论持久战》《新民主主义论》等毛泽东著作，阅读浙东抗日根据地编印的战报，并编写、印发抗日传单、标语，如"小鬼子快完蛋，江南就要天亮""啥人要与人民为敌，当心脑袋"等。这些标语由李雪舟和其他成员在没有月亮的黑夜头顶水草，涉水过河，避开侵华日军的岗哨，在万祥等地张贴。此举鼓舞了人民，打击了日伪军。

梦里杀敌

1938年，李雪舟联络抗日进步力量，兴办振华小学，招收60多名青少年上学。他利用讲故事的形式，宣传八路军、新四军打击日军的胜利消息和中国共产党抗日救国的主张。1943年，李雪舟又在小圩塘兴办东明小学，后来，东明小学成为中共地下党活动的一个重要基地。1944年秋，中共南汇东南区委书记肖方到石皮泐（今书院镇）一带工作，在考察了李雪舟的工作及思想后，正式吸收他参加革命斗争。为打击日伪军,在这一年中,在中共南汇东南区委领导下,李雪舟组建了一个三人秘密武装小组并任组长。他们搜集敌伪军情报,开展锄奸斗争。1945年夏秋之间,在中共地下党领导下,李雪舟组织文化研究社和武装小组人员,配合其他革命组织,进行了一次示威活动。他们预先定地点集合开会,再由西向东列队前进,高呼抗日口号,到里三灶后迅速分散隐蔽,然后四处传播"新四军来一个大队,一色快机(驳壳枪)"的流言,吓得日伪军一时不敢轻举妄动。在民族灾难深重的岁月,他不仅不分白天黑夜地忘我战斗,甚至在睡梦中也不忘杀敌。在《午睡》一诗中,他写道:"草堂春寂寂,一觉到南柯。性灵应未泯,梦里杀倭奴。"

抗战胜利后,浙东新四军奉命北撤,李雪舟按中国共产党的指示留在浦东坚持斗争。他仍以行医为掩护,收集情报,开展革命活动,还经常亲自传递情报。他的出诊药包里有一个夹层,情报就放在里面。一天夜里,天上下着倾盆大雨,地上全是水,根本看不清脚下的路,李雪舟在路上几次跌入河中,又爬上来继续赶路,情报送到后,他大病了一场。为揭露国民党土顽(当地的反动顽固武装)顾桂秋在泥城等地的"剿共"罪行,他写了一首《报怨仇》:"夜月空明,关山如旧,蓬梗生世凄然久。底事伤心?眉头常皱。怨深如海,恨如东流,豪气霄霄贯斗牛,何日报怨仇?手刃贼人头,凭青山绿水邀游,好略把平生血泪收!"此诗作如今被镌刻在上海龙华烈士陵园内烈士诗文的碑林上。

李雪舟从事地下活动引起了国民党反动派的极端仇视。1947年4

月,国民党"南汇保安团"纠合泥城、书院等地区的自卫队进行所谓的"清共"运动,捕杀革命同志。一天深夜,李雪舟不幸被捕,先被敌人带到南汇外三灶进行毒打,后又带到万祥,关押在一个地主的家里,由伪县长、保安团长徐泉连夜审讯。敌人花了一天一夜的时间,对他施加"踩杠子""上老虎凳"等酷刑,把李雪舟打得皮开肉绽,手骨折断,几次昏死过去。但李雪舟坚贞不屈,严守党的秘密,保护革命同志。最终,敌人一无所获。4月26日傍晚,李雪舟在万祥镇北金

李雪舟故居

家桥北侧被反动派枪杀,时年33岁。

解放后,李雪舟被当地人民政府追认为烈士。书院乡为纪念李雪舟烈士,将李雪舟所在的村命名为李雪村,把村里学校命名为李雪小学。李雪舟烈士的革命事迹被收入在《上海英烈传》及《南汇县志》。他的遗作《秋水白萍吟草》及散文集由中共南汇区委组织部、南汇区党史研究室编辑出版,命名为《李雪舟烈士诗文集》。烈士的鲜血没有白流,李雪舟的热血与无数革命先烈的鲜血凝聚在一起,染红了新中国的红旗。

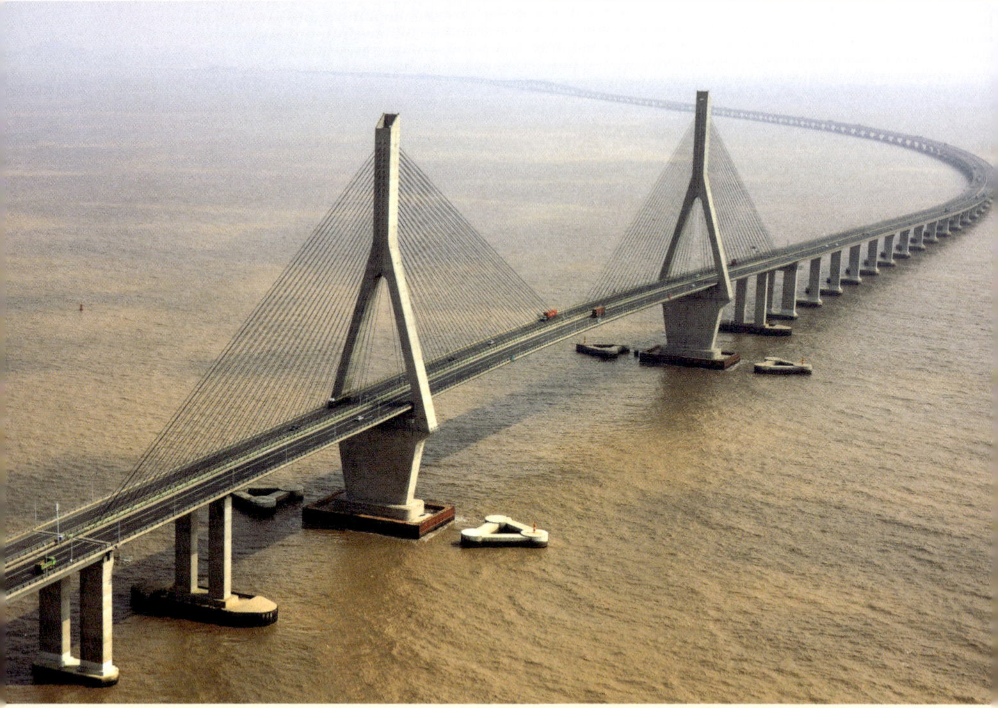

依港建城，城为港用

芦潮港的华丽转身

跳出黄浦江，建设洋山深水港

群英荟萃，造东海大桥

筚路蓝缕，开挖滴水湖

依托港口，建造海港新城

芦潮港的华丽转身

南汇新城肇始于上海东南角的一个小渔港——芦潮港。芦潮港坐落于上海南汇东南沿海，东临东海，南依杭州湾外口。滚滚长江水裹挟着黄金般的泥沙在东海之滨淤积沉淀，随着岁月的流逝，泥沙愈积愈多，约于19世纪末20世纪初逐渐形成了这块形状奇特的尖角地，因其成锥形入海，故名汇角。

这块广袤而荒凉的处女地在大自然的恩赐下，渐渐长起一片白茫茫的芦苇荡，天上野鸭群飞，地上螃蜞乱爬。不知始于何时，一些渔民从芦苇丛中踩出一条小路。后来走这条道路的人越来越多，日积月累，道路被越踩越宽，地面也被越踩越低。几次大潮汛又把低陷的路面冲成一条约5米宽的深漕。大约在1935—1938年间，渔民随意给这条深漕取了个名字，叫路漕港。此后，地方政府和附近居民也沿用这个名字。解放后，为纪念烈士黄茂春，政府建乡时把乡名称作汇茂乡。1958年冬，路漕港地区建万亩果园，这片地区之后就以果园为名。20世纪60年代，由于内河河道连通着东海，政府决定在路漕港地区建造上海东南部最大的水闸，并将其取名为芦漕港。"路漕"变成了"芦漕"，这是因为这里长满了芦苇，而"芦"与"路"是谐音，用"芦"字更具有地方特色。1984年，南汇县向上海市递交《关于建议在芦潮港建设港口的报告》。报告中将芦漕港更名为芦潮港，象征着改革开放的大潮汹涌澎湃。

国家重点渔港

芦潮港镇地处海隅，因地域偏僻，交通闭塞，经济发展滞后。解放前，芦潮港地区被称为"穷汇角"，远近闻名，向有"有女不嫁穷汇角"的歌谣。境内土匪恶霸聚集，人民生活极度贫困。

中华人民共和国成立初期，芦潮港还是一片荒滩，是"野兔作窝

芦潮港

场，蟛蜞当操场"的茅柴荡、"抓把土能腌菜，舀碗水当盐汤"的盐碱地。20世纪50年代，当地一些渔民利用有利的地理条件，纷纷成立渔业互助组，开展近海捕捞，后来又联合起来组成海洋捕捞大队，置起机帆船，从事海洋渔业生产。芦潮港海域盛产鲳鱼、白虾、梅童鱼等，在20世纪80年代成为全国366个重点渔港之一。

1960年，芦潮港三门节制闸建成。节制闸向外至海500米左右。由此，宽近百米的港湾提供了渔船停靠的泊位。沿港东西内侧建有众多的渔货码头、堆场，两侧各有海堤防护，建有油、水、食品、渔具等供应服务设施。当时，芦潮港港口能停靠百余条渔船，来自南汇县泥城、书院、祝桥及苏、浙、闽等地的渔民在此停靠卸货，补充淡水、食品，修船、补网等。1962年，水闸重建后，各捕捞队分别在水闸港口两侧建房，地方驻军部队（洋山联络站）还用登陆艇开辟芦潮港——洋山航线。至此，芦潮港日显繁荣、重要。

上海第一座伸向大海的码头

由于历史的原因，上海与宁波、舟山等地的人有着极为密切的关系，然而两地的交通极不方便，从上海到宁波或舟山需绕道杭州，兜一个大圈子。因此，让钱塘江"天堑变通途"是大批居住上海的宁波、舟山人长久的期盼。

晚清民国时期，有不少在沪外国人以及上海本地士绅曾赴舟山旅行。1853年《北华捷报》（*North China Herald*）连载了一篇来华西人的上海—舟山—宁波游记。作者自上海出发后，先走内河水道至平湖、乍浦，再入杭州湾向东南驶向舟山定海。作者选择绕行内河水道的原因是：若由上海直接出洋，势必面临更复杂的水文环境，而走这条备选路线相对更安全。1923年，《新世界》杂志的一位作者记述了由上海驶往舟山的船行体验：出吴淞口后风急浪高，船身颠簸不已。不谙水性的游客在十几小时时间的船行过程中饱受折磨，呕吐不止者大有人在，而船工却很是淡定，告知游客从上海到舟山的外海航线素来如此。近代上海的外洋时常有海盗出没，这对上海、舟山间往来的客船构成极大的安全威胁。1933年12月，"穿山轮"在由上海开往舟山时遭匪徒里应外合攻击，全船三百名旅客被抢物品的价值共计5000大洋，更有两人被匪徒开枪击伤。

1984年9月13日，南汇县人民政府向上海市人民政府递交了《关于建议在芦潮港建设港口的报告》，决定在芦潮港近海建设一个港口（客货两用码头）。1985年，南汇县政府批准《芦潮港总体规划》，对芦潮港的功能进行定位，决定在芦潮港建设码头等港口设施，开通近海航线。不久，上海市人民政府经济研究中心将报告分送各级领导及有关部门，开始了对芦潮港的开发历程。经过一年多时间的艰苦努力，到了1987年，芦潮港至宁波的航线开通。第一艘"甬兴号"客轮历史性地穿越杭州湾，成功实现了芦甬处女航。随后，上海第一座伸向海洋的500吨级客货运码头竣工，通往嵊泗、普陀山、大洋山、小洋山和岱山的航线也相继通航。自从有了这条"蓝色通道"，上海通往宁波等地的时间缩短了一半多，大大方便了沪浙两地经济的交流和人员的交往。原来不值钱的盐碱地、茅柴荡开始金贵起来。自此，芦潮港成为上海市发展海洋产业的重要焦点。

首届桃花节

芦潮港地区在20世纪50年代开始种植桃树，桃树连绵成片，有"万亩桃园"之称。外中村是芦潮港镇东北边的一个村，是桃树分布最为集中的地方。

1991年，南汇首届桃花节开幕式就在外中村举行。这里桃林茂密，风景秀丽，民风纯朴。在首届桃花节，外中村的村民家家户户都

桃之夭夭，灼灼其华

参加了接待工作。中外宾客络绎不绝。村民们烧制出香喷喷的咸酸饭，包出鲜肉荠菜馄饨，还买来海里捕捉的刀鱼、小黄鱼，用最好的当地土特产招待客人。后来，南汇桃花节升格为上海市桃花节，每年举办一次，还增设了桃子成熟时的"品桃""农家乐"等活动，吸引了大批市民和中外游客，成为南汇农业旅游的著名品牌。

芦潮港的大开发大建设

如果说，芦潮港的大开发大建设是一部伟大的交响乐，那么20世纪80年代中期的开发建设只是这部伟大交响乐的一段小小的序曲。芦潮港得天独厚、无法替代的地理条件使它成为上海建设国际航运中心的必然选择，成为中国建设与世界贸易大国相匹配的一流港口的必然选择。

1988年，杭州湾海岸线调查课题组抵达芦潮港，以芦潮港为重点的上海海岸开发进入专家视线。是年，中共上海市委、市政府领导多次到芦潮港考察大、小洋山。芦潮港海岸线开发成为南汇发展的关键词。1989年4月，芦潮港镇建立，成为上海最年轻的建制镇。1993年3月，果园乡和芦潮港镇合并建镇，因有通海的芦潮港港口，故定名为芦潮港镇。20世纪90年代以后，芦潮港一带开始成为上海建设深水港的首选之地。上海浦东开发开放和上海国际航运中心定位孕育出开发洋山深水港和临港地区的战略规划。

130多家专业机构的专家们经过前后近6年的实地考察和科学论

芦潮港渔船港湾

证，最终把中国最大也是远东最大的深水港港址选择在离芦潮港仅27.5公里的大、小洋山。于是，芦潮港成为洋山深水港的一个有机组成部分，作为其重要的城市依托和主要集疏运基地。

随着上海洋山深水港工程启动，历史翻开新的一页，芦潮港将迎来更加光辉灿烂的明天。

跳出黄浦江，建设洋山深水港

南汇新城建设缘起于洋山深水港工程。上海是依靠港口、航运业逐步发展起来的城市，拥有位于黄浦江和长江交汇处地理位置极佳的河口港上海港。根据党中央、国务院明确的目标，上海要建设成为国际经济、贸易、金融和航运中心之一。国际航运中心是国际经济、贸易、金融中心的重要支撑和基础条件，其核心是集装箱深水枢纽港。位于崎岖列岛、具有 15 米水深条件的大、小洋山被定为建设具备国际竞争力的深水港的合适之地。2002 年，国家批准上海在洋山建立深水大港，实现中国在上海浦东建立"东方大港"的百年夙愿。洋山深水港的建设需要在陆地区域规划与港口配套的物流功能和与生活配套的城市功能。国家在批准洋山深水港方案时，要求在岸上建设 20 多平方公里的物流园区和生活配套区，当时定名为海港新城——这就是南汇新城最初的名字。

筹建东方大港的设想

民国时期的上海是一座自带滤镜的城市。纸醉金迷的十里洋场、如火如荼的工人运动、黑帮大佬的市井传闻，都让它在当时的中国显得独树一帜。这样一座大城市当然也吸引了游历全国、计划实业强国的孙中山的注意。

1918年，护法战争失败后，孙中山被迫避居上海法租界寓所（今香山路孙中山故居），"闭门著书，不理外事"，检讨革命失败之教训，规划未来建设之宏图，1919年写成《实业计划》。在撰写的《实业计划》的"第二计划"一章中，孙中山提出在长江口附近的浦东地区建设东方大港，改造上海旧港，使上海成为面向世界的航运中心，并详述开发扬子江流域的具体设想。

放眼世界的孙中山先生满怀信心地认为，如果上海有了东方大港，那它一定能像美国纽约港那样成为现代化世界大商港和大城市，成为面向世界的国际航运中心。孙中山先生的宏图大略在浦东开发开放后的今天成为了现实。

从黄浦江走向深蓝

在上海建深水港的规划其实从20世纪80年代就开始筹划。陈国栋、胡立教、汪道涵在担任上海市领导期间就把深水港建设纳入上海中长期发展战略的重点规划。

上海是一个依港建成的城市，因为有了上海港，才有今天的上海。历史上，上海依托黄浦江的优势，内通长江和苏浙皖内河、内湖，外连东海。几吨、几十吨的小木船和上万吨的大海轮都可以直接在黄浦江靠岸。因此，自1291年独立设县开始，上海便日渐成为商贾云集、贸易繁盛之地,且一直享有"江海之通津,东南之都会"之美誉。

20世纪80年代的上海港码头主要分布在黄浦江以及苏州河沿岸。这些码头水深比较浅,涨潮的时候大概在6米左右,只能停靠1万吨左右的船,更大的船进不了黄浦江、苏州河。同时在这个时候,国际航运业发展非常迅速,特别是韩国釜山港、日本横滨港、新加坡港口,这些地方的深水港对上海形成了一个严峻的竞争格局。如果上海的港口条件没有改善,没有自己的深水港,上海的经济、贸易、金融等发展会受到巨大的冲击。

1992年,上海市委、市政府提出要建自己的深水港,并且想分三步走。第一步先把十六浦码头往外移,移到宝山张华浜那边。张华浜虽然离市区很远,但与十六铺相比,却有三大优势:一是岸线水深条件比较好,可以稳定保持在8米以上,确保5万吨船舶的通行,而十六铺一带黄浦江的水深一般在3米,涨潮时顶多到6米多;二是腹地比较广阔,货物卸下来后可以堆放的地方比较多;三是交通比较便利,沪宁线、沪杭线都有货运支线进去,一直可以进到港口内部。第二步再从宝山张华浜移到长江口的外高桥,这是因为外高桥的水深条件更好。上海港的水深从8米进一步达到12米。但搬迁到外高桥后的上海港面临最大的障碍,就是长江口还有"拦门沙"。6300多公里的长江带下来很多泥沙,到长江口被海水顶推,流速变慢,泥沙凝聚沉降形成"拦门沙",最浅处的水深只有2米左右。这样,集装箱船只能趁着涨潮进入外高桥。第三步是到外面寻找深水岸线,跳出长江口,在上海附近寻找一个24小时可以装卸的深水港。为什么需要24小时装卸呢？因为对于航运业来说,船期是很值钱的。在船主和货主看来,在航线基本一致的情况下,船期时间越短越有利。因此,上海港建设的主要目标就是想跳出黄浦江,建设24小时能够进港、卸货,并且水深在20米以上的深水港。

对于上海建深水港的计划,国家交通部非常关心和支持。交通部提出上海、江苏、浙江可以共同建设一个组合港,把长江口的航道疏浚好、疏浚深,让那些大的船既能进上海港,又能进像南通港、张家港那样的内陆港。对这件事情,上海市委、市政府也积极支持。交通部提出实施长江口深水航道治理工程,通过"束水冲沙"的方式,在长江入海之前,从两面堆起一个喇叭形的坝来加快水流速度,把"拦门沙"中淤积的泥沙冲走,使长江口主航道的水深达到10至13米,这样不仅可以打通长江口,还可以把长江沿岸的港口搞活。位于南京河海大学的专家教授们非常支持这一方案,他们还对"束水冲沙"方案做出详细论证,建立严格的数学模型、物理模型。但10至13米的水深只能满足江海联运的需求,因为在长江里航行本来就不需要很大的船只,80%的船吃水都在12米左右。这一航道治理工程对于上海张华浜、外高桥等港口的发展有着很大的好处,但实现不了上海建设成为世界一流大港的目标。在亚洲与上海竞争国际航运中心的大阪、神户、釜山等港口的水深条件都非常优越,而且集装箱船还会继续朝着大型化方向发展,尤其是装载6600标准箱以上的第六代集装箱船要求进港航道和靠泊码头必须要有15米以上水深。

因此，上海必须拥有自己的深水港。

1996年1月，时任国务院总理的李鹏在上海主持召开专题会议，提出建设上海国际航运中心的任务，并明确组织开展上海国际航运中心新港址论证等6项工作。（徐匡迪：《建设上海国际航运中心决策始末》）当年5月，上海市委、市政府决定建立上海国际航运中心上海地区领导小组，下设办公室，以切实推动包括深水港港址论证在内的上海国际航运中心建设各项工作。

上海国际航运中心领导小组考察了宝山罗泾、崇明岛、长兴岛、芦潮港、杭州湾等很多地方，但始终没有找到合适的深水港港址。这些地方都没有很深的岸线，外面的航道条件也不是很好。小组成员在这个时候决定把选址范围进一步扩大，到浙江靠近上海的岛屿考察。

经过反复的寻找，上海国际航运中心领导小组发现了在浙江的小洋山和大洋山之间有一条非常好的天然航道，水深可以达到15米以上，完全符合深水港的要求。为了更深入地了解大、小洋山的情况，1998年8月13日，由时任上海市市长徐匡迪带队，一行人专程乘船前往考察。考察组在岛上受到当地百姓的"夹道欢迎"。他们欢迎客人的最高礼节是用淡水请客人擦脸，因为岛上淡水非常宝贵，如果有贵客来，居民就会在门口放一脸盆淡水和一条新毛巾，用新毛巾蘸着淡水请客人擦把脸。从中可以看到当地居民对上海在洋山建设深水港的支持。

但是大、小洋山是属于浙江省的，不属于上海市，这就需要中央的协调。在洋山建上海深水港的方案讨论了很长时间。上海同济大学

大洋山滩涂

原校长李国豪院士牵头给中央写了一封信,提出上海在洋山建深水港的可行性和必要性,信上有100多位专家和学者签名。江泽民总书记看了这封信以后,做出重要批示,明确了两点:一是上海建设国际航运中心、深水港是一项国家战略,各省、各部委要全力支持;二是在上海建设深水港是他在上海工作时就想做的一项重要工作。时任国务院总理的朱镕基对上海建深水港的重要性也非常清楚。因此,国务院加紧推进,邀请中国国际工程咨询公司、美国路易斯伯格公司进行进一步的科学论证,最后两者一致认为,在洋山建深水港,无论是技术上、经济上都是非常好的。在国家的支持下,2001年1月,国家计划委员会正式立项批准洋山深水港项目。2002年3月,洋山深水港正式开工。(彭瑞高:《巨变:上海城市重大工程建设实录·洋山深水港》,叶金龙:《口述临港历史之2003—2019年的临港》)

洋山深水港建设

在党中央国务院的支持下,盼望已久的深水港终于开工。这是上海一件重大的历史事件。洋山港开工建设主要有三个项目。

第一个项目是在洋山岛建深水码头。但是小洋山这个地方很小,就几个山头,几片小海滩,大概只有2个多平方公里,所以在洋山岛上面建港口是非常艰难的,甚至连作业的场地都没有。另一方面,洋山只有几个小山包,建港口时要把它炸平,然后还要从周边的海底把

洋山港

沙堆到岛上，以形成码头和堆场。但这样的话，工人就没地方住。怎么办？深水港工程建设指挥部租了一条万吨轮船，把它改造成住宿房间和餐厅，工人们就在船上生活。岛上还有一些渔民，他们住的都是平顶的石头房子。因为洋山岛上没有淡水，所以下雨以后，他们可以喝平顶上的积水。对岛上的居民来说，他们有两个选择：一是到上海，很多人选择落户在惠南镇和大团镇，成为新浦东人；另外有居民到其他岛上去生活。小洋山还是一个风景非常美丽的地方，生态也很好，所以后来在施工建设的时候，深水港工程建设指挥部保留了姐妹石等一些风景，建立了一个观景平台。岛上有一首《洋山赋》，记录下了这一切。

第二个项目是建一座大桥。因为从洋山岛到芦潮港有34公里，必须要在两地之间建一座大桥。这座大桥后来被江泽民总书记命名为东海大桥。建造这座桥有很多技术上的困难，比如说桥墩怎么样防止海水的腐蚀，桥梁怎么样防止船舶的撞击，等等。因此，建桥团队进行了很多的技术创新。大桥的投资也非常大，当时预算是105个亿。那么，投资怎么回收呢？一般情况下是收费。但如果东海大桥收费，对其他地方的集装箱过来是不利的，因为物流到洋山港送货卸船的话，成本就高了。所以上海市政府决定，这座大桥作为一个市政项目，由市财政支持，所有的集装箱卡车经过大桥是免收费的。东海大桥在很短的时间就建设完成，保证了它与港口同时启用。

第三个项目是建成一个陆域配套区。小洋山这个地方太小，只能作码头起到装卸的作用。港口的物流园区只能够建在大陆上，因此，政府决定在芦潮港海边大桥的桥头建一个物流园区，面积是十几平方公里。当时上海海运学院（现上海海事大学）做了规划，承接洋山港的集装箱集疏运。

洋山港的建成为上海国际航运中心的确立奠定了坚实的基础。没有这样一个深水港，上海就很难说是一个国际航运中心。同时，在洋山港、东海大桥建成以后，临港地区就成为连接世界的一个枢纽、走向世界的一个桥头堡，真正实现了"上海"这样一个说法。"上海"一词指的是"上了海"，即临海之意。"上海"的边界原来在吴淞或者最早在苏州河那里。那时，上海这座城市其实只在黄浦江周边。而现在，临港直接面对的就是茫茫的东海，上海真正"上海"了。

洋山精神

洋山深水港是中国港口建设史上规模最大、建设周期最长的工程。工程难度之大、技术要求之高、工期安排之紧、作业条件之苦，都远远超出人们的想象。

上海跳出黄浦江、长江口，首次在海岛建港。洋山深水港施工是对传统筑港方式的挑战，难度极大，遇到了很多问题。例如：海水腐蚀性大，施工现场风急浪高，有效作业时间短；深水作业工程量和技术难度高；离开陆、岛的庇护，作业环境艰险等。不过，工程的建设者迎难而上，组织了 50 多次技术攻关，克服了一个又一个困难。

洋山深水港是一项国家战略，得到相关政府部门、科研机构、高等院校的大力支持与合作，凝聚着大协作的合力。1995 年以来，按照国家有关主管部门的要求，上海动员各方力量，围绕大、小洋山深水港址开展了艰苦而卓有成效的科学论证和各项前期工作。截至 2001 年，共有国内外 130 多家专业研究机构和高等院校 5000 多人次的科研人员参与港址论证和项目前期工作，完成专题研究 200 多项，参加各专题成果评审和咨询的国内外知名专家、学者达 900 多人次，其中中国科学院、中国工程院院士 80 多人次。这充分表明洋山深水港工程是全国大协作的成果。可以说，大协作、大联合铸就了洋山港的辉煌，推动了上海港的崛起。

洋山工程的建设培育形成了"不辱使命的负责精神、勇挑重担的拼搏精神、保持本色的奉献精神、求真务实的科学精神、团结协作的

货船驶入洋山港

大局精神"的洋山精神。洋山工程孕育了洋山精神，而洋山精神也推动了洋山工程。

2005年12月10日，上海国际航运中心洋山深水港区一期工程开港。当年整个上海港集装箱吞吐量是1800万标准箱，位列世界第三。到2007年，达到2600万标准箱，首次超过中国的香港港跃居全球第二。2018年，上海港集装箱吞吐量超过4200万标准箱，自2010年以来连续九年稳居世界第一。2017年底，上海洋山深水港四期码头开港试运行，成为全球单体规模最大的全自动码头。2021年9月27日，上海国际航运中心洋山深水港区四期工程荣获第十八届中国土木工程詹天佑奖。

洋山深水港正成为"东方大港"，屹立在世界的东方。上海也在一步一步地向成为国际航运中心这一目标前进。

群英荟萃,造东海大桥

在茫茫东海,一条蜿蜒的巨龙凌空而起。巨龙腾跃着强健而优美的身躯,拥抱大海,与海浪共舞。这令人自豪的巨龙就是中国第一座外海跨海大桥——东海大桥。从上海南汇的芦潮港到浙江嵊泗的小洋山,东海大桥不仅是洋山深水港区连接上海及长三角腹地的唯一陆路通道,还是港区供水、供电、通信服务的主要载体。因此,可以毫不夸张地说,东海大桥是洋山深水港的"生命线"。

建"东方大桥"的梦想

其实,在东海上造一座跨海大桥的设想在历史上早些时候就有人提起过。

20世纪90年代初,在浙江省舟山市,一位上海人提出在东海上建造一座跨海大桥的设想,并为这座大桥起了名字,叫"东方大桥"。当时的《舟山日报》还报道过此事。快30年过去了,在舟山,还有不少人对此津津乐道。这位上海人姓胡,是一名企业家。他既熟悉上海,也熟悉浙江,对两地都有深厚的感情。他迫切希望浙江东海诸岛能够早日与上海连接,从而发展海上经济,实现经济腾飞。他提出浙江东海诸岛与上海连接的办法是：从宁波出发，建造十几座跨海大桥，把舟山岛、岱山岛、衢山岛和嵊泗岛等海上主要大岛与上海连接起来，这些桥总称"东方大桥"，桥通后，再依托宁波、上海两个海港大城市，开发海上资源，打造一片岛富民强的东海。

这是1994年的事情。老胡不是一个空想家，而是一个实干家。他对自己的设想多方设计，希望有朝一日能够实现。1995年，老胡特意邀请了著名的美籍华人陈香梅，沿着他理想中的"东方大桥"一线，渡海而行，沿途考察。老胡精心安排这次旅行，是希望陈香梅为他的"东方大桥"出主意、筹资金、造声势。这件事在舟山上轰动一时，但由于种种原因（资金是第一因素），"东方大桥"未能付诸实施，只能成为这位上海老人的美丽梦想。

不过，洋山深水港的东海大桥为老人的梦想画上了漂亮的第一笔。

李国豪与东海大桥

李国豪（1913—2005），广东省梅县人，是我国著名的桥梁工程与力学专家、教育家、社会活动家，曾担任同济大学校长、国务院科学规划委员会主任、上海市科学技术协会主席、上海市政协主席等职。

李国豪的一生是为桥梁而活的。他早年学的是土木建筑，留学德国的博士论文题目是《悬索桥按二阶理论实用分析方法》。新中国第

在做实验的李国豪

一座长江大桥在武汉建成时，李国豪的名字已出现在技术顾问名单中。在建设南京长江大桥时，李国豪担任技术顾问委员会主任。20世纪80年代后，在上海南浦大桥、杨浦大桥、江阴长江大桥、虎门珠江大桥、汕头海湾大桥等大桥建设中，李国豪次次担任专家组组长。在人生最后阶段，桥梁依然是李国豪生命的支撑。东海大桥作为中国第一座跨海大桥，是李国豪92年人生中最后关注的一座大桥。作为中国年资最高的桥梁专家，李国豪毅然担起了东海大桥建设专家组组长的重任。

党中央国务院和上海市委、市政府高度重视东海大桥的建设问题，多次与李国豪等专家教授座谈讨论。李国豪很有把握地表示，在东海建造一座跨海大桥，技术上没有什么克服不了的问题。他又冷静地指出，建造东海大桥的困难主要是外海施工，海上风急浪高，海底地质情况复杂，战线那么长，而工期却那么短，一年里海上施工时间只有180天，许多重大的考验是在建设过程中。

早在东海大桥设计酝酿阶段，东海大桥建设指挥长黄融等工作人员就跟李国豪进行了密切沟通。黄融表示，李国豪是东海大桥的"主心骨"。设计部负责人杨志方指出，在许多关键问题上，李国豪为东海大桥建设把握了方向。大桥工程进入实质性建设阶段后，他们更是为总体设计、建设方案、工程质量等问题频繁求教于李国豪，常常上门向他汇报工程进展情况，当面聆听他解决难题的办法。每次推开李国豪家门，老人都会立刻把手头工作放下，让他们坐到自己身边，倾听来自建桥第一线的声音。

在大桥设计阶段，部分同志提出工程建设要"创新"，要"大量采用新技术、新材料"。李国豪却说："创新这个问题，我们要辩证地看。在东海建设这样规模的跨海大桥，这本身就是一大创新。至于建桥本身，我倒不主张采用太新的技术。新，在一定程度上代表了风险。第一次造跨海大桥已经包含了很大风险，如果再加上新技术、新材料的风险，那就可能招来致命的失败。我主张采用成熟的、经得住时间考验的技术。"李国豪这一观点成为东海大桥建设的重要原则。

李国豪反对不切实际地"争世界第一"。他说："造桥是一个实打实的工程，桥梁的第一使命就是为经济建设和人民生活服务，决不能搞花架子，盲目地去争什么世界第一。"在李国豪的指导下，东海大桥指挥部确立了不尚奢华、不图虚名、简朴实用、经得起历史考验的设计理念。

主通航孔是东海大桥中心部位，设计部门最初考虑采用80米跨径的钢筋混凝土叠合梁，组成连续9公里长的钢结构主梁桥面。李国豪说："你们要注意，海上建桥防腐是一大难题，海水海风都有很强的腐蚀性。既然已经为大桥定下了100年基准期，那么设计施工各个方面就都要紧扣这个基准。搞9公里长的钢结构，海上补漆难度大，将来防腐工作怎么做？每年补漆需要多少工时？要坚持100年哪！"在李国豪的指导下，主通航孔设计做了重大调整，钢结构桥面长度缩短到880米，不足原来的十分之一。

斗智斗勇造大桥

东海大桥是洋山深水港配套工程，总长32.5公里，其中陆上段约3.7公里，芦潮港新大堤至大乌龟岛之间的海上段约25.3公里，大乌龟岛至小洋山岛之间的港桥连接段约3.5公里。大桥按双向六车道加紧急停车带的高速公路标准设计，桥宽31.5米，设计车速80公里/小时。全桥设5000吨级主通航孔一处，通航净高40米，净宽400米，桥墩按万吨级防撞能力设计；设1000吨级辅通航空一处，通航净高25米，净宽140米；设500吨级辅通航孔两处，通航净高17.5米，净宽分别为120米和160米。

在国家战略的旗帜下，中国建筑行业的各路精英从天南地北向东海大桥工地集聚。每一支队伍都有一串长得数不过来的成绩单，但是每一个建设者几乎都异口同声地说："参加东海大桥建设是一个机遇，也是一份荣誉。"

当时世界上的8种桥型设计被上海市政设计者一一实践。但所有桥梁都建在江河之上，采用"陆上作战"。与世界先进水平相比，最大的差距是没有一座真正建在外海的桥梁。风、浪、流、潮、雾、雨是东海的"常客"，在这样恶劣的条件下，打下8712根桩，架起670片单跨60～70米、每片重达1800～2000吨的箱梁，难度可想而知。

为了成功建设东海大桥，建设者用科学开路。建设者将难题一一拆分，打响了一场与大海斗智斗勇的"迂回战"。其中采用的方式包括：

依靠天上卫星。在茫茫大海上，如果用常规的陆域测量方式测量打桩位置，别说不可能达到厘米级的精度，还极有可能因为桩位不准而影响大桥的合龙。一套度身定制的"海上GPS打桩定位系统"应运而生。设计施工人员在打桩船上安装GPS（全球卫星定位系统）仪器，让先进的科学仪器为打桩船探路，同时通过数字化手段修正船位，实现打桩船的精准定位。

依靠转移作业。东海大桥计划建设周期只有三年半，而受气候影响，实际每年可作业天数不过180天左右。怎么办？建设者自有办法：把工程所需的670片箱梁、822个桥墩放到沈家湾岛预制。这样就将海上难题转化成熟悉的陆地作业，施工人员只需在海上实施拼

打下东海大桥第一桩

装,借鉴海上石油平台的经验,在东海上搭起固定施工平台,创造"海上陆地",这样一来,原先陆地上驾轻就熟的造桥工艺同样可以在海上一一施展。

依靠工艺创新。东海大桥全线采用国际、国内成熟的造桥工艺,但是建设者又根据海上的特殊情况,进行技术创新,满足大桥的建设要求。例如,首次采用低温蒸汽养护技术,使原先需要28天完成的预制构件养护在5—6天内既快又好地完成。

东海大桥施工现场

保证安全使用 100 年

作为一座承载着国家战略的海上大桥和一条承载着无限希望的通衢大道,东海大桥必须经受得起历史的检验。

早在设计论证之初,东海大桥设计者就提出"设计基准期 100 年"的建设目标。这意味着,在正常养护条件下,东海大桥将保证安全使用 100 年。如果维护得好,大桥寿命可以更长。

如果要实现 100 年的使用目标,建设首先面临着防腐难题。受海洋

东海大桥

性气候因素影响，外海桥梁结构被腐蚀、侵害的程度远大于内河桥梁。于是，针对不同区位、不同材质的不同防腐标准一一出炉：混凝土中掺入特殊材料，增强防腐能力；钢管桩上加入锌块，利用牺牲阳极的阴极保护法防腐；斜拉桥主梁涂上重防腐涂层，内部采用除湿系统……

实现100年的目标，就要以人为本，保证大桥安全通行。设计者要将寒潮、冰冻、风力等情况一一考虑周到。当风力大于9级时，大桥维护人员会采取相应安全措施。此外，设计者还制定了一套完整的防撞措施，避免今后船只"误打误撞"。

"星垂平野阔，月涌大江流。"仅用三年多的时间，东海大桥提前贯通了。

筚路蓝缕，开挖滴水湖

2002年6月，海港新城开工。其中第一个重大项目，也是一个引领性的项目，就是开挖滴水湖。现在我们看到的滴水湖非常漂亮，碧波荡漾，风平浪静，但是开挖滴水湖其实是一件非常艰难的事情。

吹沙造湖

滴水湖所处位置原本是沙滩。涨潮的时候，海水涌入沙滩，形成一片汪洋。所以在开挖滴水湖的时候，施工队伍就在抓紧建设外面的大堤。大堤建设在什么位置呢？在海水平潮时的位置。到了冬天，北风呼啸，零下几度，建筑工人站在水里面抛石头、抛沙袋，非常艰苦。在临港南汇嘴公园，可以看到有几座雕塑。这些雕塑展示着工人们穿着皮衣服在进行吹沙作业的场景，就是这段历史的见证。

那么，滴水湖怎么开挖呢？港城公司从荷兰租借了两条"诺西号"大型绞吸式挖泥船。挖泥船趁涨潮的时候从海上面开到滴水湖挖泥。其实，滴水湖不是挖出来的，是吹出来的。因为滴水湖都是泥沙，工人一边用水冲泥沙，一边把泥浆吸出来，然后抽到滴水湖周边。挖湖

固沙筑堤作业

同时,滴水湖周边土地的地坪就提高了,总共吹到 4 米以上。

吹填工作相当艰难。当时滴水湖周边是滩涂和芦苇荡,能进入世纪塘施工现场只有唯一的一条临时路,距湖直线距离 6.5 公里。附近都没什么成型道路,就是一些泥地或是一些老的围塘、海堤,人需要一脚高一脚低走到现场。

不速之客

虽然很艰苦,但是滴水湖的开挖还是比较顺利的。期间,也有多次紧急时刻。其中在 2003 年，台风多次袭扰上海，但是幸好台风快到滴水湖的时候就转向了。那时在滴水湖施工现场，一条 4 米多长的鲸鱼游了进来，搁浅在海滩上。因为那时候滴水湖已经蓄水，而且跟外海相通。经专家鉴定，这是一头幼年蓝鲸，属于国家保护动物。工人们用施工布袋把幼鲸拖到了滴水湖里，幼鲸一下水就开始游，但是头始终朝向大海——"它要回家!"当天晚上，工人们连夜把幼鲸扛到了卡车上，全程不断给它浇水。由警车开道，载着鲸鱼的卡车一路开到了芦潮港码头，几十个人把幼鲸从车上扛下来，慢慢放入大海。令人惊奇的是，当幼鲸返回大海时，连续三次将头伸出海面，似乎在感谢救命恩人。当时如果台风正面冲击滴水湖的话，大堤就可能毁掉，滴水湖会有泥沙淤积。因此，也有人说："这条鲸鱼是东海龙王派过来的，看看你们在做什么事情。一看原来是在做一件大好事，它就回去报告了。"

南汇嘴观海公园里面有一座标志性的钢制雕塑——司南鱼，它就像一头鲸鱼，昂首翘尾，似乎要向大海深处游去。这条司南鱼的原型就是这条鲸鱼。"鲸回头"之处就是南汇嘴观海公园附近的海面。"司南鱼"雕塑记录了鲸鱼回头的佳话，寓意南汇新城人对大海的深情和对新城未来发展的期望。

湖水咸淡之谜

经过 15 个月的奋斗，滴水湖终于于 2003 年 9 月建成，并正式开

南汇嘴公园司南鱼雕塑

闸蓄水。因为紧邻东海，很多人会问滴水湖的水是淡水还是海水。其实，滴水湖的水是淡水。湖水是从黄浦江大治河引过来的。河水到滴水湖以后水质会变得更好，因为滴水湖有天然的沉淀作用。

滴水湖湖水是比较深的，最深的地方有6.5米，平均有3.5米以上。相比之下，杭州西湖平均水深只有1.5米。为什么要挖这么深？因为滴水湖周边没有山，没有建筑，而在海边，风很大，风一大以后，会搅动湖水，然后把下面的泥沙翻起来，让湖水变浑浊。可当水达到一定深度以后，不管平时浪有多大，甚至在台风季节，湖水都非常清澈。

滴水湖是南汇新城的核心和象征。湖直径2.66公里，总面积5.6平方公里，其中水面积约5平方公里，是迄今为止世界上最大的为塑造城市景观形态、优化生态环境而在海滩上开挖的人工湖。湖内挺立着三座形态各异的岛屿。北岛占地约235万平方米，西岛占地约6万平方米，南岛占地约14万平方米，各座岛上还规划建设了各类休闲娱乐设施。

滴水湖

依托港口，建造海港新城

这里曾经是一片茫茫的滩涂。1995年，党中央国务院做出建设上海国际航运中心的重大决策。根据"港为城用，城为港兴"的战略思想，上海市委、市政府确定要在茫茫滩涂上规划建设海港新城（南汇新城的前身），作为洋山深水港的陆域腹地和主要集疏基地，实现港城的联动发展。

2002年，上海市人民政府下发81号文件，就此拉开了围海造田建新城的历史篇章。2002年4月1日，上海市深水港工程建设指挥部正式挂牌，下设3个分指挥部，即洋山深水港分指挥部、东海大桥分指挥部、港城分指挥部。2002年4月28日，港城分指挥部成立，同时成立的还有上海港城公司，"两块牌子，一套班子"，负责共同开发建设海港新城。2003年11月30日，上海海港新城打下第一桩。此后的三年里，百万建设大军驻扎茫茫滩涂，筑堤、围海、吹填、挖湖、筑路、造楼。一座现代化的海港新城从此诞生。

先规划后建设

依托港口建设城市，是世界港口城市建设的一个普遍规律。在洋山深水港开工的时候，上海市委、市政府就在考虑建设一个陆域配套区，其主要的功能是为港口解决集装箱的集疏运问题。

后来，大家认为，这么大的洋山港肯定对整个城市的服务业有要求。按照上海的历史经验，有了码头港口，岸上就要有商店、货栈、银行、保险公司。因此，在物流配套区的基础上还应该要建设一个港口城市。从 2001 年开始，南汇区政府开始筹划港口城市规划和建设。

海港新城应该是怎么样的？专家学者和有关单位一起讨论，提出未来的海港新城应该是生态良好、有旅游功能、服务业发达，还有防汛功能的。海港新城的城市发展理念的重点是要发展现代物流和现代

临港环湖道路

服务业。

城市怎么规划呢？一开始，上海一个知名的规划部门做了很多个方案，但是领导和专家看了以后都不满意。因为这个规划还是横竖平直格子样式的传统区域规划，没有新意。随后，通过国际招标，上海邀请了国际上16家著名的设计公司来做未来海港新城的规划设计。同时，有关工作人员去德国汉堡、法国马赛、荷兰鹿特丹、比利时安德鲁普等港口城市考察。其中，他们对德国汉堡印象非常深刻。汉堡城市中央有一个阿特拉斯湖，非常漂亮。因为有这个湖的存在，汉堡这个城市的温室效应较弱，生态环境较好，观赏性旅游功能也很有特色。正巧在这16家规划设计公司里面，有一家GMP公司就来自德国汉堡。

有一天在光大会展中心，原上海市临港管委会经贸办主任叶金龙跟GMP公司设计师交流，提到汉堡这个城市中有一个非常漂亮的阿特拉斯湖，它有很多非常好的功能，未来的海港新城内是不是可以规划一个大湖或者是一连串小湖，形成一个良好的生态和旅游观光的环境。想不到这个设计师回去就做了一个城中有一个湖、周边形成环湖道路以及放射道路的建设方案。它同一般打网格的城市规划方案不一样，有竖、有面、有水、有绿，有建筑区、有服务区。在进行16个方案认证和评比的时候，上海市委、市政府主要领导看了后觉得GMP公司这个方案最有新意，且最符合港口城市的风貌。

当然对于这个方案也有不同的观点。其中，有的专家说："上海土地这么紧张，你还挖了个大湖，这不是浪费土地吗？"也有的专家说："你挖了这个湖以后，道路在绕着湖走，所有的管线都要绕着湖，这样会增加不便和成本。"但是最终评比下来，GMP公司方案还是第一名。

当时城市的人口规模确定为40万，城市风貌明确要求为欧洲现代主义风格。现在看到的环湖一路上的建筑基本上都是由天然的石材、不锈钢和玻璃组成。方案对城市天际线也做了要求，最高只能到24米，局部地区可以更高一点。

这个规划当中还有一个特点，就是人与自然和谐相处。比如，环湖一路、环湖二路、环湖三路之间全部是绿地。上海海昌极地海洋公园、上海中国航海博物馆、上海中学东校等都建在这些绿地里面。所有的河流和滴水湖都是相通的，7座港桥把滴水湖里面的水系接通。这就意味着鱼、船都能在不同水系间移动，动物都能在绿地里面生存。

吹沙填海

海港新城整个城区的建设是从在海滩上吹泥开始的。2002年12月9日，从荷兰租借的大型绞吸式挖泥船"诺西号"正式出沙，以每小时3000立方米的挖泥量向港城围区吹填供沙。港城分指挥部和港城公司的工作人员在看到第一股沙流从排吸管喷涌而出时，心情都无比激动。那是海港新城建设开局的第一年。工程队一面把泥从海里吸进来造地，一面把泥从规划好的湖体里吹出去造湖。整个吹泥工程持续了整整两年，吹出了大地，吹出了滴水湖，吹出了河道、桥梁和道路……每天，数百个重型搅拌头夜以继日地在水底下搅拌稀泥，然后

滴水湖步道

通过吹泥管子排到三四公里以外的地方。整个城市的吹泥土方达到4500万立方米，相当于挖15座金茂大厦的体量。

然而，要实现梦想就必须有经历生死的勇气。人们不会忘记，当一股寒潮袭来，海风卷着巨浪，把泥袋垒起的大堤一夜间夷为平地的场景。14公里长的堤身充泥管袋棱体被海浪卷走，近百台充填土方用的泥浆泵和高压水枪转眼就不见了踪影……开弓没有回头箭。偌大工程、偌大战场，一旦摆开，再没有退路。在这里，除了坚持还是坚持，除了使命还是使命。

最危险的一次事故发生在一天半夜。工程队因施工得太晚，海水涨潮，一群工人被困在大堤外的安全岛上。岛上搜不到GPS信号，最后施工指挥部派出了搜救船才把他们接回来。当时情况十分危急，如

临港新片区

果潮水再涨上去一点,这几个人就可能会牺牲。

　　海港新城33平方公里的用地全部通过滩涂围垦吹泥成陆。围海造地工程通过吹填作业,将最低标高为-4.2米的滩地平均"吹"高到+4米,达到城市地坪标高要求,确保在这片海滩上可以构筑起城市建设的基本用地。城区围海造地工程2002年9月开工,2005年6月竣工,累计完成吹填量约4566万方。

再现"浦东速度"

　　"浦东速度"在这里再次得到了体现。防洪海塘大堤是城区一线

防洪防风大堤，全长约10公里，设计标准为200年一遇高潮位加正面抗12级风力。2002年9月工程开工，建设者克服了滩地缺沙，淤泥层深厚，施工现场无电、无水、无路等不利条件，于2004年11月顺利竣工。

新城主城区一期市政道路有14条，其中包括"四环三射"城市主干道。自2002年10月起，各路建设大军汇集到港城建设工地。2003年12月，新城首条市政道路（环湖大道）开工建设。2008年，新城完成环湖一路、环湖西二路、环湖西三路、护城环路4条环路，完成临港大道、申港大道、海港大道、两港大道和花柏路、铃兰路、杞青路等城市支路及一批供电、供水、通信设施等市政基础工程建设。

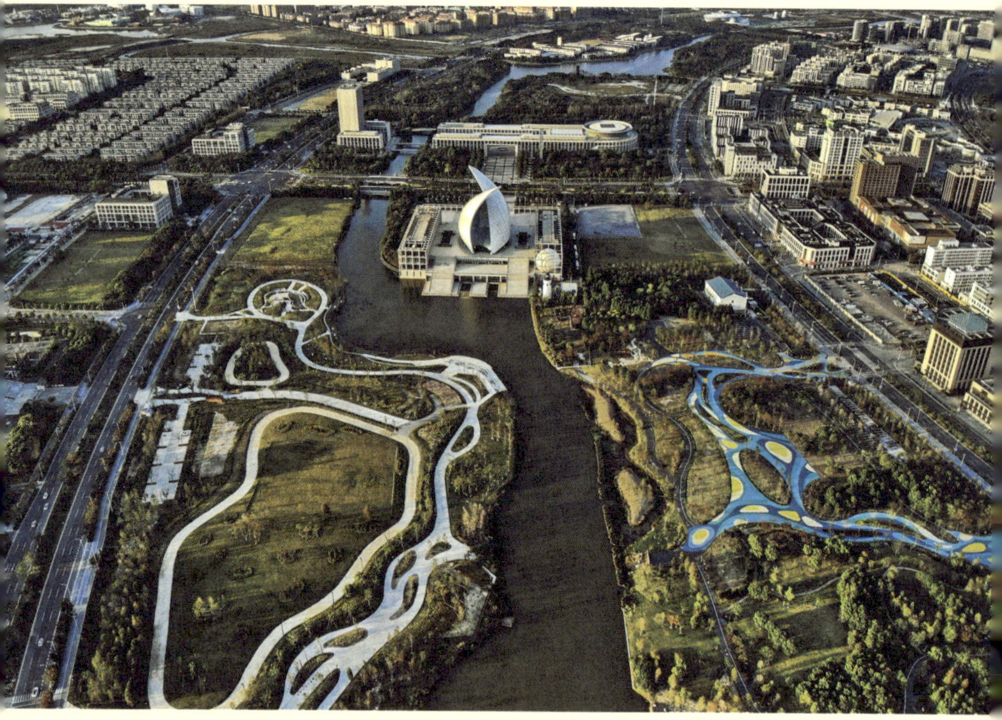

城以产兴，产城融合

产城融合，建立临港新城

让"中国制造"扬眉吐气

创造"特斯拉速度"

产城融合，建立临港新城

上海新城有两种发展模式：一种是以公共交通发展为导向的模式，另一种是以产业发展为导向的模式。南汇新城属于后者，以临港产业区著称于世。现代新城是融合发展的，以产业化带动城市化，再以城市化服务产业化，而南汇新城是生产、生活、生态相互促进、相得益彰的产城融合发展新区域。

从海港新城到临港新城

从海港新城到临港新城，仅仅是名称的变化吗？在国际航运中心建设背景下，上海市委、市政府认为建一个海港新城还不够，还应该在海港新城、现代物流业和现代服务业这些产业的基础上发展更多的产业。

如何发展产业？上海专门邀请美国麦肯锡咨询公司、克尔尼咨询公司和日本野村综合研究所三家机构做一个关于临港产业发展的调查。这三家机构通过调查，一致认为临港可以发展装备制造业。

21世纪初，国际产业格局发生很大的变化，很多发达国家的制造业正在向第三世界转移。这是一个很好的风口，临港应该抓住这样的机会。同时，我国制造业看上去规模很大，但没有自己的装备，没有自己的核心技术，做的大多数是加工或者代工。装备，特别是工作母机，是制造业的脊梁。因此，国家发展和改革委员会、工业和信息化部认为临港应该发展先进装备制造业。

确定发展先进装备制造业以后，要对临港规划做进一步调整。首先，规划的范围要扩大。海港新城从原来的60平方公里开始扩大到80平方公里，后来一路扩至120、160、200平方公里。最后，上海市委、市政府高瞻远瞩，确定规划面积290平方公里，范围从北边到大治河，西边到1501高速公路以及当时南汇和奉贤区的交界。这在当时全国开发区里面是非常大的规模，海港新城也更名为临港综合经济开发区。临港综合经济开发区规划既有港口物流，又有制造业，有城市，也有农村。同时，上海市委、市政府积极把开发区申请为国家级重点经济开发区。

正当临港国家级重点经济开发区的筹建工作抓紧实施的时候，国家对开发区政策有重大变化。当时全国开发区比较乱、比较杂，国务院发通知，决定在2003年一律停止新批国家级经济开发区。那时大家都傻眼了，正想干一件大事，但国家不批，怎么办？事情不能停下来，在冷静思考后，上海市委、市政府做出了调整，效仿当时苏州工业园区的发展，决定在临港开展产城融合的发展模式，同时，由于上海市在进行产业结构调整，正把一些重工业企业、制造业企业由市区向外搬迁，其中可以把一些非常好的企业搬迁到临港。2003年11月

临港新片区服务中心

30日,临港新城管委会挂牌仪式举行,产城融合的临港新城正式开工建设,临港新城就此诞生。

  根据规划,要在290平方公里范围里面形成一个完整的城市和产业协调发展布局。产业建设先从临港南侧,即杭州的沿线开始,在南滩(泥城镇南边)建设一个重装备产业区。城市建设主要围绕滴水湖环湖西路在临港大道和海港大道构成的扇面进行:南汇区行政中心、上海中国航海博物馆等项目开始建设;引进一批大学,主要的是与航海相关的大学,让上海海事大学、上海海洋大学落户临港,以及引进上海电力学院,因为电力学院在制造业方面的专业在上海非常强;引进上海第六人民医院东院、上海中学东校等公共服务项目。由此,临港新城基本上形成了完整的城市布局。

平地兴产

一个城市的发展需要产业来支撑，没有产业，这个城市往往是空心化的，但是做产业说起来容易，做起来难。特别是刚开始的时候，临港远离上海市区，交通非常不便。当时基础设施缺乏，S2高速公路在建，地铁还没有规划，包括水电气等配套设施也没有。同时，临港这里原来是一片荒滩，地处农村，制造业的基础相当薄弱。于是，招商引资成为是临港第一大任务，也是最艰难的任务。

临港新城招的第一个大型外资企业是德国大众。那时德国大众还在向外扩展厂地，国内的很多地方都在争取这个项目落地。临港招商人员也非常积极，争取德国大众落户临港。

德国大众人员第一次来考察是在冬天。那天非常冷，下着小雨，他们要看临港的现场。临港招商人员带队先到万祥，建议他们在东大公路边上的一片土地上建大众汽车厂。然后，临港招商人员带着考察人员在临港其他地方考察，考察人员在其中看中了泥城南边海边一片庄稼地，计划建一个汽车大基地。到2004年6月，德国大众临港工厂开工典礼举行。可惜开工典礼那一天，雨下得特别大，风也很大，雨借风势，都吹到嘉宾身上，麦克风里面都是风的声音——"哇啦哇啦"。但开工仪式以后，德国人说，由于全球产业链的布局调整，他们决定取消这个项目。这等于是给临港招商人员当头一棒。不过，临港招商人员没有浪费这块地，他们后来把上海汽车引进过来，就是现在的荣威汽车基地。

虽然碰到了很多困难，但是通过临港招商人员的努力，临港需要的项目还是一个一个招进来了。比如招来了沪联重工，一个中国船舶集团的大企业，还引进了中船三井，一个中方和日方三井公司合资的生产大型船舶发动机的企业。此外，上海电气的核发电、火发电、水发电等制造企业都落户临港。经过几年的努力，临港装备产业区基本形成了一个装备产业的框架。

如果光有制造业，没有服务业，临港新城的发展也不会顺利。服务业和制造业是相互支撑的，是产业区和城市融合的一个要素。因此，临港也在积极发展服务业。临港招商人员北上大连，跟大连海昌公司谈，建议公司到临港来建一个极地海洋世界；又南下新加坡，招

上汽乘用车有限公司

引了冰雪之星项目，这是一个外资的冰雪运动项目，可以为冬奥运动员提供锻炼的场地。此外，临港招商人员得到了上海要建一个天文馆的信息并了解到初步的选址已经确定在上海西部。他们没有放弃，积极争取。他们专门请中国天文界的泰斗叶叔华院士到临港并开船带他到滴水湖上考察。临港天空很蓝，晚上很少有光污染，这对仰望天空是非常有利的。叶叔华院士说这个项目可以放在临港。有他这么一句话，从技术上就有了一定的保障。然后，临港又去找天文馆的建设主体上海科技馆沟通，陈述了很多理由，比如16号线已经开工建设，很快就会开通，居民到临港很方便等等，最终确定上海天文馆花落临港。

另外还有文化艺术类项目，如谢稚柳陈佩秋艺术馆。临港工作人员把陈佩秋老先生请过来，跟她说他们夫妻二人的艺术作品能不能放到临港，临港会专门给他们建一个艺术馆，在这里他们可以进行展示，可以进行创作，可以进行交流。这个项目得到了陈老先生的支持。临港很快就开工建设艺术馆。后来，临港了解到国家与法国签订了一个协议，要在中国建一个中法艺术学院。这个项目的中方主体是中央美术学院，是北京的项目。临港也积极争取。他们把中央美术学院校长请过来，让他了解临港的优势。最后，中央美院中法艺术学院也花落临港。

到了2008年，临港新城已经基本形成制造业和服务业相互促进发展的框架。

建设科创中心

建设科创中心是临港又一个重大的战略任务。临港通过前5年的建设，制造业发展起来了，服务业也有了一定的规模，但是问题还有很多，主要是定位问题。关于重装备产业，它有很多不足。重装备的第一个问题是占用土地资源多，一个项目就500亩、1000亩。上海的土地非常有限，建这么大的项目对土地的利用率、土地产出来说是不合理的。第二个问题是占用的能源多。因为重装备往往耗电、耗气甚至耗材。因此，从"十二五"规划开始，临港提出要从重装备向轻型装备转变，以生产、生活、生态三生融合的理念，进一步深化产城融合。

"十二五"期间，一些科技含量更高的新技术企业落户临港，比如上海电巴新能源科技有限公司、同济大学汪品先院士领衔的国家级重点项目——海底观测项目。到了"十三五"期间，临港进一步提出要以智能制造为主，向高端制造发展。这时，新松机器人、小卫星项目、科大讯飞语音云技术企业、上海积塔半导体有限公司、中国商用飞机有限公司进来了。临港还开始举办世界顶尖科学家论坛，建立了滴水湖高校联盟，把临港地区的大学、研究机构联合起来并在上海海事大学海边专门设立了科创城。

自由贸易区的发源地

临港之所以能够发展这么快,制度创新是关键。可以说,临港是上海改革开放制度创新的策源地之一。2003到2008年,临港是市属市管的体制。市政府在临港建立临港新城管委会,作为市政府的一个派出机构。临港新城管委会全面统筹临港的开发事务,南汇当地政府全力配合支持临港的建设。对于临港的建设,南汇人民热情支持。在拆迁安置的过程当中,老百姓不吵不闹,积极配合。在这段时间里面,临港有很多制度上的创新。比如在动拆迁方面,临港实行了"先征后拆"的方法,把土地先征下来,但房子慢点拆,因为动迁房还没建起来,老百姓可以先住在原来房子里。还有一种叫"征转分离"的方法,是先把土地征下来,但是慢点把它转成建设用地,老百姓还可以在上面种地,在需要项目建设的时候再进行转型,这是临港在土地征用方面的一个创造。如此,政府让老百姓及时得到了安置,住到了新房子。老人们有了养老金,青少年们都有工作做。再比如土地收储工作,临港把一些企业、私人手里面的滩涂土地、商业用地等全部收归政府,一共收回了40多平方公里土地。这些土地为临港发展打下了一个扎实的基础。

2009到2012年,南汇区和浦东新区合并以后,滴水湖以及周边地区交给浦东新区进行开发管理。临港新城管委会改为临港产业区管委会,负责产业区的开发建设。2012年末,上海市委、市政府决定产业区管委会和新城管委会合并,成立临港地区开发建设管理委员会。重新合并以后,市委、市政府为了支持临港的发展,出台了"双特"政策,即在临港地区执行特别机制和特殊政策。这个政策的含金量非常高。它主要体现在两句话,第一句是"临港事临港办",就是说在临港无论是办企业也好,搞工程也好,办居民的一些事务也好,所有的事情不出临港都能办成。这在政府管理上有了重大的突破,建立了一门式审批中心。第二句话是"临港钱临港用"。临港的税收除了需要上交中央政府的部分,其他都留在临港用。比如临港地区的土地出让金除了国家规定要上交的,也多留在临港用。在"临港钱临港用"的基础上还加上了一句"市区两级再给临港扶持"。每年市财政和浦东经济财政各出 20 个亿支持临港。除了这些以外,临港的人才政策有了加分制度、引进人才、直接落户等多项扶持。在市政府的批准下,临港率先建设"双定双限"房,就是定对象、定价格的商品房以及率先建设公共租赁房给产业区的工人住。这一系列政策出台对临港的发展起到了巨大的推动作用。

上海市委、市政府在研究洋山深水港的时候,认为未来的临港应该成为一个对外开放的前沿窗口,在参与国际经济贸易等方面应该成为中国的一个样板、一片试验田。因此在 2001—2002 年,上海国际航运中心领导小组办公室发起对洋山自由港的研究,形成了洋山自由港的专题报告。这个报告涉及所有自由港的制度政策以及很多方法措施。2005 年,国家批准了中国第一个保税港——洋山保税港,不仅在洋山岛上实现保税,并且在临港的陆域上实现境内关外的制度。在洋

中国（上海）自由贸易试验区临港新片区

山保税港的基础上，全国一些地方也陆续建立了保税港。到2013年，我国在临港洋山保税港的基础上建立了第一个自由贸易试验区，然后又在全国各地陆陆续续地建立了17个自贸区。到2019年，我国在上海自贸区的基础上又新增了临港新片区。因此可以说，临港是自由贸易区域的发源地。

让"中国制造"扬眉吐气

进入 21 世纪,上海市委、市政府做出开发建设临港新城的战略决策,临港成为产业分布战略性重组和上海经济区域重心转移的重要环节。临港产业区是临港新城经济发展的主要支撑点。

人人都是"年度环球旅行家"

2003 年 12 月底,市政府发布《上海市临港新城管理办法》,明确由临港集团负责临港产业区的开发建设。

2003 年 9 月 19 日,临港集团在金陵东路 2 号楼光明大厦成立。11 月,集团召开第一次员工大会。临港产业区所在地是一片贫瘠、荒凉的盐碱地。当时员工只有 21 名,他们面临的是荒滩农田,没有办公楼,没有水泥路,有的只是一个概念,一张规划图。"为什么要开发临港?要建设一个怎样的临港?"对此,临港集团组织了一场内部大讨论。所有员工达成了"党赋予临港机遇,我投身临港发展"的共识并认为临港产业区发展要"体现国家战略、体现上海优势、体现国际竞争力"。在发展过程中,集团逐步明确了"高端制造、极端制造、自主制造"的产业定位,确立了"世界装备基地、国际物流中心"的愿景。

2005年11月,临港集团入驻新元南路555号管理中心。当时,公司绝大部分员工家在市区,每天上下班往返140多公里。如果统计年上下班路程,每一位都是"年度环球旅行家"。临港开发的热度吸引了不少青年人才加盟。在他们中间,有刚出校门的大学生,有来自外地的青年才俊,还有陆家嘴的高级白领。他们扎根临港,在公司规划、投资、招商、法务、财务等各条战线上辛勤耕耘,一干就是七八年甚至十年,很多人从青涩的应届毕业生成长为公司的中坚力量。

每一幢厂房都有一个"最"

好梧桐才能引来金凤凰。临港产业区的区位优势和产业定位为高端装备制造业和物流产业的集聚创造了良好基础。在区域方面,临港毗邻洋山深水港和浦东机场。这是临港产业区作为世界装备制造业和国际物流综合基地的基石。在产业定位上,临港产业区努力填补我国在国计民生和核心技术领域内关键技术、关键设备上的空白,实现自主创新和技术突破,打破高端装备制造领域受制于人的局面。

中国是造船大国,却不是造船强国。像造船的关键件,如发动机曲轴、船用发动机等还受制于人,使中国造船企业常常出现"船等机,机等轴"的情况。临港让这一切大有改观。中船集团和上海电气先后在临港生产出世界最大的缸径980毫米低速大功率柴油机以及与之匹配的980船用曲轴，中国造船企业的谈判及定价、交货期等话语权迅速加重。中船三井公司船用低速大功率柴油发动机的生产车间长800米、高42米，被称为亚洲最大的发动机智能生产车间。这里批量生产了15台功率达6.2万马力、980毫米缸径的国内最大的柴油机，填补了我国大型柴油机的空白，扭转了一直受制于人的局面。

上海电气船用曲轴有限公司是国内第一个曲轴生产企业，生产的是低速大功率船用柴油发动机最重要的配件——曲轴。以前，这种曲轴基本由日本、韩国两个造船大国生产。如今，上海电气船用曲轴公司几乎能生产所有机型的柴油机曲轴，彻底打破国际垄断。更可喜的是，由于公司不断进行科技创新，曲轴自重由40吨降为25吨，成本及价格大幅降低，性能与质量却达到国际先进水平。

在临港的厂房里，几乎每一幢都有一个"最"：全球首款人工智能深度学习处理器芯片"寒武纪"、全国首根国产12英寸单晶硅棒、全国首条航空大部件装配智能产线、全球首款互联网汽车荣威RX5、第一套国产化率100%的百万千瓦级核电站堆内构件、全国首台自主设计的二代改进型核电百万千瓦级蒸汽发生器、全球首台AP1000国产化核岛稳压器、世界第一根百万千瓦级超越临界汽轮机低压焊接转子、第一台拥有自主知识产权的3.6兆瓦海上风电机舱、第一根与缸径980毫米柴油机配套的船用曲轴、第一台上海生产的自主品牌汽车整车和发动机、全国首台拥有自主知识产权的C919大飞机发动机、全国最大的拥有自主知识产权的6兆瓦海上风电机舱、全国最大的3600吨履带式起重机、全国最大的200吨级液压式履带挖掘机……

全球首台 AP1000 国产化核岛稳压器

  临港产业区按照"龙头项目带动、配套企业跟进、产业集群发展"的发展思路，坚持联合大企业、引进大项目、建设大基地，形成国企、民企、外企三足鼎立局面：在国企方面，产业区与中船重工集团、中船集团、中国商用飞机有限公司、中航工业集团、上海电气集团、上汽集团、中集集团、中国电子信息产业集团等中央企业和地方国企战略合作，集聚一大批央企、地方国企项目；在外企方面，项目主要来自欧洲、美国等发达国家和地区的知名企业，其中美国、德国、法国、奥地利等国家的企业占比较高，比如特斯拉、通用电气、卡尔玛、梅赛德斯-奔驰、瓦锡兰、西门子、科尼、伦茨、蒂森克房伯、卡特彼勒等；在民企方面，产业区集聚三一重工、映瑞光电、上飞飞机、昌强重工、中芯国际、宁德时代等行业知名的国内优质企业。

"中国制造"新高地

经过十多年的开发建设,临港产业区从低洼的泥潭一跃成为上海乃至全国的"中国制造"新高地。临港产业区的开发建设一直得益于上海市委、市政府的战略决策和大力推进,包括一些重大项目的引进。2003年11月底,临港集团在芦潮港两港大道举行挂牌仪式暨一期工程开工典礼。市领导很重视,活动由时任副市长的杨雄同志主持,时任市委副书记、市长韩正同志出席。当天,临港集团和中国船舶工业集团、上海电气、上汽、上海市信息投资股份有限公司以及各大国家银行、上海地方银行签署了《战略合作意向书》,其中产业区第一个奠基的项目是上汽临港基地。

2004年初,市外经贸委、临港新城管委会举办"腾飞的上海、崛起的临港"临港产业区投资说明会,时任副市长的杨雄同志出席并在会上做了题为"上海:加快迈向现代化国际大都市"的主题发言。卡特彼勒及其40多家全球重要供应商的高级管理人员参加了这个投资说明会。2005年,首家外资企业卡特彼勒正式落户临港。

2007年,时任上海市委书记的习近平到临港调研,对临港地区产业发展高度评价:"国家把我们作为装备制造业振兴的一个重要基地,我们在临港则看到了什么是国产的世界一流。"(上海市地方志编纂委员会编:《上海市级专志·上海临港经济发展(集团)有限公司志》)

随着2013年临港"双特"政策出台、上海南港开港、中国（上海）自由贸易试验区挂牌三大利好相继落地以及2015年上海"十三五"规划对临港由"新城"到"节点城市"定位的调整、2016年临港"双特"政策2.0版的出台、2019年设立临港新片区，临港日益成为"热土"的代名词。

打通"最后一公里"

为优化产业发展环境，临港产业区从传统园区向科创社区转变，整合高质量科创资源，与复旦大学、上海交通大学等高校合作，携手打通科研成果产业化的"最后一公里"。例如，上海交通大学联合德国弗劳恩霍夫应用研究促进协会，在临港地区合作共建国内首个弗劳恩霍夫国际项目中心，建设全球领先的工业4.0智能制造示范线，为

临港智造园二期

上海智能制造的发展提供智力支撑和技术支持。

上海交通大学建立的上海临港智能制造研究院为临港产业区孵化了民用航空发动机测试验证中心、汽车动力总成、燃料电池极板、核电装备测试验证、轻合金材料"五朵金花"项目。其中，中国工程院林忠钦院士团队领衔开展的汽车动力总成项目专门针对中国中高档动力总成加工技术以及装备与生产线完全依赖进口、投资和维护代价高昂、严重制约我国汽车工业自主研发和国际竞争能力提升的"卡脖子"问题。

中国工程院丁文江院士团队将轻合金精密成型国家工程研究中心科研成果在临港基地进行落地转化，逐步引入"镁氢能源大航程无人机""复合材料环保回收""关重件绿色智能铸造""智能旋压技术与装备""可降解镁基医用耗材"5个项目。其中，2017年年底，"镁氢能源大航程无人机"项目按照8000万元估值完成A轮融资，与神华集团、以色列化工等达成合作意向。

此外，中国科学院院士、清华大学教授陆建华团队着手推进上海智慧天网创新工程，运用拥有自主知识产权的网络信息基础设施架构，开展空地协同平台、信息安全网络等关键技术与应用验证，着力构建服务支撑国家"一带一路"倡议和全球化发展战略的空间信息走廊。中国海归创业联盟理事长、特聘专家马启元教授带领来自美国哥伦比亚大学、哈佛医学院等国际名校的团队，创建拥有原创技术及一百多项专利的美时医疗，为医院提供完善的医学成像解决方案。

创造"特斯拉速度"

2019年8月20日,作为新时代上海打出的一张"新王牌",中国（上海）自由贸易试验区临港新片区揭牌成立。自诞生之日起,临港新片区便以"开局就是决战,起步就是冲刺"的精神状态,跑出了加速度,提升了活跃度,干出了显示度。

2018年7月10日,上海市政府与美国特斯拉公司签署纯电动车项目投资协议,规划年产50万辆纯电动整车的特斯拉超级工厂落户临港地区。这是特斯拉首个海外工厂,也是上海有史以来最大的外贸制造业项目,还是中国第一家全外资汽车制造公司。2019年1月7日,特斯拉上海超级工厂破土动工。同年10月,工厂竣工。12月,首批15辆国产特斯拉汽车正式交付。当年开工、当年竣工、当年投产、当年上市的"特斯拉速度"成为热搜,全世界的目光一齐投向中国上海自贸区临港新片区。"特斯拉速度"由此成为临港新片区的一张烫金名片,鲜明地表达了新片区开发建设的热潮和冲劲。

加急编制"临港方案"

在当初选址时,上海并不是特斯拉唯一的选择,临港也不是它在上海的唯一选址。

2018年的一天，特斯拉总部要求临港集团提供一份"临港方案"，希望在方案中看到多方面的重要内容：上海的优势、临港的优势、上海新能源汽车的基础条件、长三角新能源基础配套情况等等。除此之外，特斯拉总部提出，希望能够在方案中尽可能展现临港的实际情况，甚至细化到配套住房有多少，道路有几条，五星级酒店有几家，以及从机场到临港用怎样的交通工具分别需要多少时间……对于特斯拉，这或许是一根代表欢迎与友好的"橄榄枝"，而对于临港，可以想见，这是一个有很大的工作量但又是必须完成的任务。

特斯拉总部在当天下午4点发来诉求，要求第二天凌晨就看到方案结果。这意味着在短短七八个小时里，临港集团必须精心准备好这份内容复杂、涵盖面广的"临港方案"。撰写方案远比想象复杂，一个个宏大的议题需要长期的、深度的走访调研才能回答，如果事先没有相应的准备，那只能是"巧妇难为无米之炊"，而临港，恰恰就是那个"有准备的人"。

在临港建设发展中，临港的干部们时刻关注和研究产业动态，对地区的资源禀赋了如指掌，哪怕问哪幢写字楼里有哪几家咖啡馆，他们都可以脱口而出告诉你。经过数小时的准备，一份翔实完整甚至颇有些人情味的"临港方案"出炉了。凌晨一点多，方案最终版敲定。临港集团所有人都振奋不已。通过文字描述和图表分析，这份整整20页的报告把特斯拉总部提出的问题阐释得明白透彻。

按照特斯拉方面的诉求，临港集团第一时间将方案送到特斯拉总部。在特斯拉公司与上海签约以前,首席执行官埃隆·马斯克从未踏上过临港的土地。临港人深知,说得再多,也不如眼见为实。因此,他们用最短的时间增做了一个视频,内容是航拍的特斯拉项目地块样貌。

2018年7月10日,特斯拉公司与上海市政府签署纯电动车项目投资协议。两个月后的10月17日,特斯拉公司与上海市规划和国土资源管理局签订《土地出让合同》,创造了上海外资项目从签约到土地出让的最快速度,标志着特斯拉项目实质落地。

2019年9月11日,特斯拉上海超级工厂项目(一期)第一阶段竣工。同时,特斯拉上海超级工厂220千伏配套电网工程的首条线路仅用168个工作日就顺利送电,创下了上海同等规模配套电网工程的

特斯拉上海超级工厂

最快接电速度，比同等规模客户的平均接电用时缩短约50%。同年10月15日，特斯拉上海超级工厂进入试运行阶段。12月30日，首批15辆国产特斯拉Model 3在特斯拉上海超级工厂正式交付给客户。签约到拿地3个月，拿地到开工2个多月，开工到竣工8个多月，竣工到投产1个多月，投产到交付2个多月，特斯拉项目刷新一系列上海乃至全国制造业项目建设的历史纪录。相比之前特斯拉公司在美国本土建造的2号超级工厂，其2014年动工建设，直至2016年才竣工，整整花了两年时间，而上海的超级工厂建设在中国仅仅花了8个多月时间。

金牌"店小二"

在"特斯拉速度"背后，是上海市政府相关部门有求必应、无事不扰的"店小二"服务，是临港新片区优越的营商环境。

临港新片区率先采用"主线容缺后补"与"辅线多条线统筹"等创新实践，率先实施产业用地多用途混合利用试点，率先开展建设工程施工许可告知承诺制改革。以"主线容缺后补"与"辅线多条线统筹"为例。按照常规的审批程序，只有项目100%满足审批条件，才能进入下一道审批，各技术、评审等单项占用主线时间5—20天。聚焦主线后，如果70%—80%核心条件符合后，容缺进入下一道审批，总用时节约3个月。由于中国和美国对消防设计标准的不同，与特斯拉上海超级工厂动工建设时的设计相比，最终竣工的厂房做了很大的调整。上海市应急管理局根据特斯拉项目的实际需求以及国内消防规范设计性标准的强制底线,经过几个月的专业辅导和沟通对接,对特斯拉上海超级工厂项目设计方案进行优化,从最初设计的整体屋顶改为4个独立建筑。这虽然意味着部分审批环节必须重新来过,但是并没有放慢对工厂的建设脚步。

临港新片区针对特斯拉上海超级工厂的建设要求,进行创新实践,边施工、边验收,发现问题及时整改,使项目在合法合规的情况下不断提速。2019年3月,临港新片区开始与特斯拉上海超级工厂展开对接综合验收事宜。5月,双方第二次对接,临港新片区告知特斯拉上海超级工厂验收所需材料及注意事项。7月,双方成立工作组开展综合验收工作。特斯拉上海超级工厂项目建设与验收同步进行,大大缩短了项目验收时间。

2020年,一场突如其来的"新冠肺炎"疫情席卷世界。受疫情影响,特斯拉公司位于美国与欧洲的工厂生产和交付一度处于停工状态,但疫情并没有打乱其在上海工厂的生产和交付节奏。

在上海市政府的关心下,临港新片区管委会和临港集团成立特斯拉上海超级工厂专项复工小组并匹配工作专员,解决工厂复工复产中碰到的问题。例如:为工厂防疫需要,筹集1万只口罩、2台红外测温仪;针对外籍人员入境难问题,积极协调快速处理签证申请,建立"绿色通道",帮助外籍员工返沪;协调600多套住房,解决工厂新员工的住宿问题,同时做好重点地区返沪员工的集中隔离;为解决复工难的问题,上海市经济和信息化委员会联合市各区,重点保障关键零部件、无库存零部件的优先复工复产,保障特斯拉上下游产业链,推动工厂恢复正常生产经营。2020 年 3 月中下旬,特斯拉上海超级工厂的产能已经超过疫情前的水平。

特斯拉公司首席执行官马斯克说:"我深知没有中国政府特别是上海市政府的支持,我们无法完成这样一个奇迹,是我们共同创造了令人惊叹的上海速度,也创造了全球汽车制造业的新纪录。"

培育"4 小时朋友圈"

在特斯拉造车的故事中,有一个"4 小时朋友圈"的轶事。在美国,从特斯拉负责电池的 Gigal 工厂到加州弗里蒙特汽车制造工厂,地图导航车程 4 小时 10 分。而在中国,电池供应商 LG 化学的南京工厂到上海工厂,车程同样是 4 小时 10 分。"4 小时朋友圈"的说法常常被用来形容特斯拉对供应链管理的精准、高效和严苛。

在特斯拉上海超级工厂项目启动伊始,上海市政府就积极引进新能源汽车产业链上下游的企业落户,协助特斯拉进行供应链培育工作,以便形成完善的汽车产业集群,进一步推动国产化。为此,上海市政府、浦东新区、临港管委会、临港集团成立工作小组,每周碰头开会,沟通项目进展,协调问题解决。

2020 年 9 月,新泉等新能源汽车产业重点企业的 13 个项目落户临港新片区。多家"服务到家门口"的供应商在特斯拉上海超级工厂周边掀起环厂建设潮。这些供应商让特斯拉上海超级工厂零部件"触手可及",保证了供应链的稳定。

现在,临港新片区新能源汽车的产业链涵盖方向盘、安全带、驾驶舱模块、安全气囊等各类汽车配套产品。同时,新能源汽车的车身、内外车饰、底盘、新能源动力总成、传感器及电子元器件等汽车产业链上的各类上下游企业不断入驻临港。这些无缝衔接的供应链让临港新片区的新能源汽车产业不断壮大。2021年,新能源汽车成为新片区首个突破千亿级规模的产业集群,引领全球新能源汽车产业发展新浪潮。

"十四五"时期,临港新片区决定要初步营造跨界融合的智能汽车产业生态体系,促进新能源汽车产业集聚,成为上海世界级汽车产业中心的新增长极。

首批 15 辆国产特斯拉交付

"特斯拉速度"不断刷新

"特斯拉速度"鲜明地表达了临港新片区开发建设的热潮。临港新片区改革开放的深入不断地刷新"特斯拉速度"。

2020年3月,临港新片区为把"特斯拉模式"复制推广到所有新片区的投资项目,围绕"1+9+X"提升营商环境,全力位推动营商环境持续优化。其中,"1"即全面复制推广特斯拉审批服务模式,"9"即聚焦企业全生命周期,提出创新国际化人才服务等9项创新工程,"X"即全面落实上海市"营商环境3.0版"的一揽子改革措施。

2021年,备受关注的中芯国际临港基地从项目启动到完成土地摘牌用时仅190天,而从拿地后不到一个月开工,再次刷新了临港新片区重大项目落地的新速度。另一方面,超50亿元的商汤科技建设项目用时46天完成送电,一天内获得《建设工程规划许可证》和《建筑工程施工许可证》,通过并联征询实现了项目单位"只报一次、只跑一次"的快速落地。它从签约到实现开工仅4个月,比"特斯拉速度"还快。

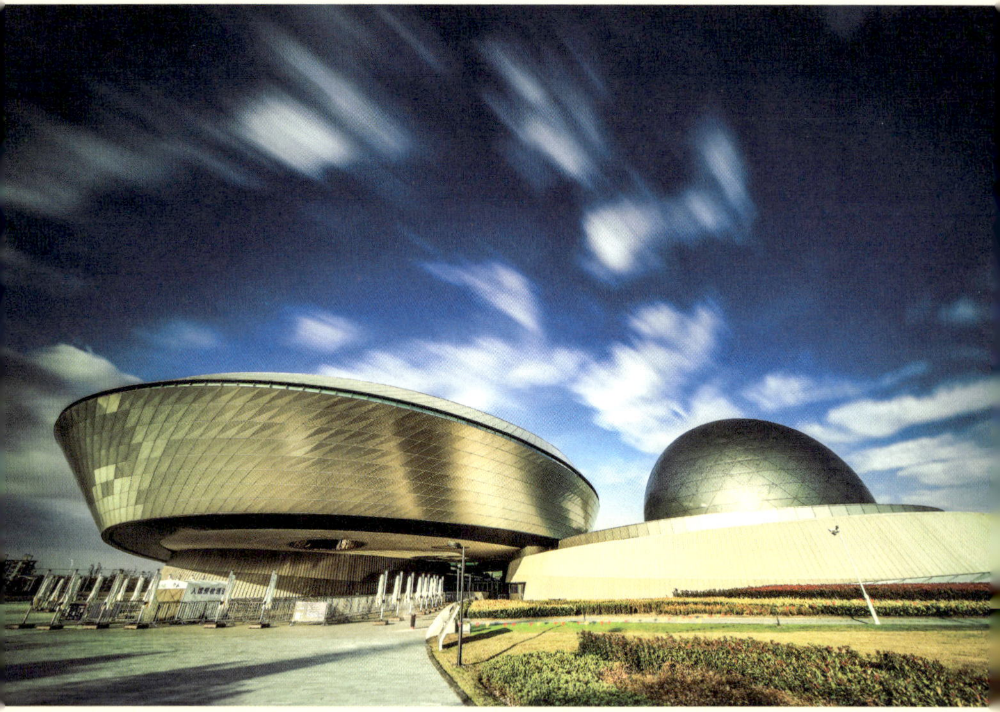

海韵湖风，人文之城

临港大学城：一座"五校三院"组成的新兴大学城

中国第一家国家级航海博物馆寻踪

探秘全球最大天文馆

国家级非物质文化遗产：南汇锣鼓书

南汇名优特产代表："早佳8424"西瓜

临港大学城：一座"五校三院"组成的新兴大学城

临港大学城位于南汇新城，于2004年开工建设，共有上海海事大学、上海海洋大学、上海电力大学、上海电机学院、上海建桥学院五所高校以及中央美术学院（中法）艺术与设计管理学院、上海交通大学中英国际低碳学院、同济大学海洋与地球科学学院三所院系。

上海建设临港大学城的初衷是服务上海国际航运中心建设和国家航运事业发展，而不仅仅是为了招收十几万学生到南汇学习。因此，临港大学城里的高校大多是与海洋航运产业紧密相关的工科院校。其中最具代表性的是上海海事大学和上海海洋大学。

上海海事大学

2004年11月，位于今南汇新城镇海港大道1550号的上海海事大学临港校区开工建设。上海海事大学原名上海海运学院，前身是成立于1909年、开创我国高等航海教育先河的邮传部上海高等实业学堂（前身为南洋公学）船政科——可以说，中国高等航海教育发轫于上海。1959年，上海海运学院在上海组建。2004年，经教育部批准，

上海海事大学临港校区灯塔

上海海运学院更名为上海海事大学。根据上海市高校布局结构调整规划，上海海事大学在 2008 年主体搬迁至临港。2008 年 10 月 18 日，新校区落成典礼在学校体育馆举行。临港校区占地面积 133 万平方米，总建筑面积 60 万平方米，绿化率 52%，水域面积 8 万平方米。

　　上海海事大学是一所以航运、物流、海洋为特色的学校，其办学特色和人才培养与海洋强国、上海国际航运中心、"一带一路"倡议等国家政策高度契合。上海海事大学物流管理专业入选第一批国家级特色专业建设点，航海技术专业入选第二批国家级特色专业建设点。学校利用自身优势为国家培养了大量相关专业人才，积极服务国家和上海战略。

学校充分发挥专业优势，持续为极地科学考察、索马里护航等任务派遣优秀的航海教师担任船长、轮机长、驾驶员和轮机员。2007年，上海海事大学与中国极地研究中心联系，承担极地科学考察船"雪龙号"的配员任务，选拔了2名航海经验丰富的教师于2007年赴"雪龙号"分别担任驾驶员和轮机员，执行"雪龙号"第24次南极科学考察任务。2008年7月7日，上海海事大学与中国极地研究中心签署合作框架协议。截至2015年，共有17人次登上"雪龙号"担任船长、轮机长、驾驶员或轮机员，远赴极地科考。谢洁瑛成为"雪龙号"首位优秀女驾驶员，白响恩先后获得"上海市青年五四奖章"、2013—2014年度上海市教育系统"三八红旗手"和"2015年度上海市巾帼建功标兵"等荣誉，龚慧佳于2014年11月18日在澳大利亚霍巴特港受到国家主席习近平的亲切接见（上海海事大学编纂：《上海市级专志·上海海事大学志》）。2010年3月，上海海事大学商船学院邬惠国船长受交通运输部派遣，随中国海军第五批护航编队赴亚丁湾索马里海域参加护航任务。2011年6月，交通运输部海事局授予包括邬惠国在内的11位协助中国海军参加第二批至第七批亚丁湾索马里水域护航任务的船长个人二等功，授予邬惠国等15位协助中国海军亚丁湾索马里水域护航任务的"船长事迹报告团"成员个人三等功。2012年7月，受交通运输部指派，上海海事大学商船学院顾维国高级船长作为驻军联络员，随中国人民解放军海军第十二批舰艇编队赴亚丁湾索马里海域执行护航任务。

上海海洋大学

上海海洋大学的前身是建于 1912 年的江苏省立水产学校，1952 年成为国内第一所具有水产类本科的高校——上海水产学院，1985 年更名为上海水产大学，2008 年经教育部批准，更名为上海海洋大学。学校原为农业部部属高校，2000 年起由农业部划转地方，由中央和地方共建，以上海市管理为主。2008 年 10 月，上海海洋大学临港校区落成，第一、二期工程建筑面积 37.67 万平方米。2010 年，上海市人民政府与国家海洋局签署协议，共建上海海洋大学。2011 年，上海市人民政府与国家农业部联合发文，共建上海海洋大学。

从 1985 至 2011 年，学校师生转战太平洋、大西洋、印度洋和南极，承担农业部远洋渔业探捕项目，为我国远洋渔业的开创与发展提供重要科技支撑。在 1993 和 2011 年之间，中国远洋渔业协会的鱿钓渔业技术组、金枪鱼渔业技术组和大型拖网渔业技术组先后进驻学校。此外，学校拥有上海市属高校第一个国家级工程技术中心——国家远洋渔业工程技术研究中心。学校在河蟹（学名为"中华绒螯蟹"）生活史、苗种培育、成蟹养殖、营养饲料、病害防治以及科技入户方面，取得显著成效。如今，河蟹养殖技术已推广到全国众多省市和地区。2011 年 10 月，学校为台湾苗栗县提供蟹种，并派专家常驻苗栗传授河蟹养殖技术。2012 年 9 月，首批商品蟹在台湾上市。

中国第一家国家级航海博物馆寻踪

上海中国航海博物馆是经国务院批准设立的中国第一家国家级航海博物馆,旨在弘扬中华民族灿烂的航海文明和优良传统,建构国际航海交流平台,培养广大青少年对航海事业的热爱,营造上海国际航运中心的文化气氛。2010年7月,上海中国航海博物馆正式开馆。

博物馆建筑面积约4.6万平方米,室内展览面积2.1万平方米。馆内以"航海"为主题,"博物"为基础,分设航海历史、船舶、航

上海中国航海博物馆

海与港口、海事与海上安全、海员、军事航海六大展馆,渔船与捕鱼、航海体育与休闲两个专题展区,并建有天象馆、4D影院、儿童活动中心,涵盖文物收藏、学术研究、社会教育、陈列展示等功能。

中国航海博物馆由一座两层基础建筑和两座侧翼建筑构成。在两层基础建筑上矗立起的两座约70米高的钢结构中央帆体是整个建筑的亮点,其建筑外形犹如两叶白色风帆,凸显海洋主题,新颖而富有视觉冲击力。

明代福船

上海中国航海博物馆的场馆设计很神奇,观众必须从正门的阶梯走上楼,才能进正门。其实,这样也是为了让观众能从最佳角度看到整个场馆的镇馆之宝——明代福船。福船是中国古代海船中的一个船型,是浙江、福建沿海一带尖底海船的统称,也是中国"四大古船"之一。这艘福船以郑和下西洋的宝船为原型,按一比一的比例建造,船首尖,船尾宽,两头上翘,总长30.6米,宽8.2米,型深3.5米,主桅杆高26.6米,船体总重约为280吨,设计排水量253.6吨。福船的仿制严格按照明代样式,遵循榫卯连接和水密隔舱等传统的造船工艺技术。在船首和船尾处,分别绘有狮子头和鹢鸟并缚以鲜红绸带。除此之外,按照中国航海文化的传统,船尾二楼舱室内供奉了一尊由福建莆田雕塑的妈祖坐像,不仅生动还原了昔日福船航海情形,也体现出极佳的观赏效果和科学研究价值。

楼船模型

为进一步传播中国悠久的航海文化，自2014年1月1日以来，上海中国航海博物馆开始推出一部由馆内工作人员自编自演的历史情景剧《郑和下西洋》，在中央大厅福船上上演。《郑和下西洋》主要讲述了15世纪扬帆远航下西洋的明朝船队在伟大航海家郑和的带领下，在海神妈祖精神的鼓舞下不畏艰辛、"宣德化而柔远人"，将中华文化远播海外的历史故事。该剧用通俗易懂的文艺表演方式，将历史盛况和海洋民俗融合一体，再现了明朝郑和下西洋的航海伟业，将中华文明和航海文化生动形象地展现给观众。

《大明混一图》

馆内有一幅《大明混一图》，是明洪武年间由中国人绘制的尺寸最大的世界古地图。它以明王朝疆域为中心并标有非洲、欧洲地区。该图长347厘米，宽453厘米，彩绘绢本，原件收藏于中国第一历史档案馆。由于原图已朽，不宜再做公开展览，因此，中国第一历史档案馆对原件进行了摹绘。《大明混一图》共有三份摹绘件。2008年，中国第一历史档案馆为上海中国航海博物馆提供了一份《大明混一图》摹绘件，作为博物馆最重要藏品之一置于历史馆内供观众鉴赏；而另两份摹绘件则分别藏于南非和日本。

《大明混一图》所载的地理信息丰富，呈现了中外文化交流的结果。作为世界地图，它反映了此时由航海文化交流而带来的、以中国为代表的东亚对世界的认知。它以较早描绘非洲的准确方位及其南端大陆的三角形状而引起世人瞩目，其价值也同时体现在详尽的欧洲、亚洲乃至非洲的地名描述上。《大明混一图》反映的广阔地理空间完全超越了目前我们日常认知中明代人的地理活动范围。其域外信息所呈现的，不仅仅是中国历代航海发展的卓越成就，更是域外文化通过海陆等渠道对中国文化的重大影响，因此引起了国内外的中国海外交通史学者的普遍关注。

"国姓瓶"

馆内的藏品"国姓瓶"是民族英雄郑成功所率舰队的投掷火器。郑成功军队有很多具有东方特色的土制火器，其中最著名的当属"国姓瓶"。

"国姓瓶"一般为陶制，在外形上呈细长而渐粗的圆柱状，丰肩至颈内收、过渡圆缓、小口、平底，外壁有明显的旋胚痕。大多数"国姓瓶"的外形及粗细均适于手握与投掷，瓶中可装火药铁砂，引爆后杀伤力极大，因此，"国姓瓶"在郑成功收复台湾的过程中被多次使用。

关于"国姓瓶"名称的由来，大概与郑成功有关。郑成功原名郑森，而南明隆武帝见郑成功长得颇为英武，十分喜爱，赐其国姓"朱"，并赐名"成功"。自此后，南明朝廷内外及当地老百姓都称郑成功为"国姓爷"，而郑军使用的这种火药被称为"国姓瓶"。"国姓瓶"在闽南地区使用较为广泛，在福建南安的石井村，晋江的圭屿、蚶江发现较多。作为涉海文物，上海中国航海博物馆收藏有"国姓瓶"数只，并在航海历史馆内长期展出。

在与荷兰人的海战中，郑氏海军作战时多以战船近战，而"国姓瓶"在海上近战中即为有效的投掷火器。郑军经常把"国姓瓶"投掷到敌方船中，烧毁敌船并杀伤船员，以此赢取胜利，因此，"国姓瓶"也被大量应用于抗击荷兰人的战争中。

沙 船

在馆里，观众还可以欣赏上海的家乡船——沙船。沙船起源于唐代，在宋代被称为防沙平底船，在元代被称为平底船，到了明代才被通称为沙船。关于沙船名称的由来，有两个可信的说法：一是源于上海崇明沙（即崇明岛）之"沙"，可能是崇明沙上的民众为了航行之便而发明的船舶，意为"可以在沙洲上任意航行的船"；二是源于其形状酷似"鲨鱼"，这里的"鲨鱼"指的是在河口和较浅的内海区域生存的属于真鲨科的鰕虎鱼，该种鱼体型小且细长，和沙船的船体形状非常接近。

沙船对上海港口城市的形成和发展在历史上起过重要作用。上海市的市徽就是以沙船为基本图案再加白玉兰花而组成的，表达了上海以沙船兴市的特殊历史含义。上海的沙船在清代道光年间有三千五百多艘，而经估计，当时全国的沙船总数在万艘以上。这时的上海港成为沙船的基地，被称为沙船之乡。当时沙船将盛产于上海松江的棉布以及江南的米谷等"南货"运到北方牛庄港等地销售，然后再装上北方的大豆、豆油、豆饼等"北货"运到上海，上海港也因为沙船航运业的兴盛而成为全国的经济重镇。

探秘全球最大天文馆

上海天文馆（上海科技馆分馆）坐落在南汇新城绿意盈盈的草地上。这座由曲线构成的亮银色建筑，宛如一个"小宇宙"。由于宇宙中没有直线与直角，为了营造最佳的宇宙沉浸感，整个天文馆几乎所有混凝土和钢结构都采用了弧形。进入馆内，穿行在错落相叠的弧线步道，人也在不知不觉中模仿宇宙天体的转动。

叶叔华与上海天文馆

上海天文馆（上海科技馆分馆）是上海市政府投资兴建的大型科普场馆，位于南汇新城滴水湖畔，靠近地铁16号线滴水湖站，占地面积5.8万平方米，建筑面积3.8万平方米，是全球最大的天文馆。

上海天文馆的兴建凝聚了一代人的心愿。早在20世纪70年代，中国科学院院士叶叔华等诸多科学家就提议建设上海天文馆，但由于当时各方面条件的限制，愿望没有得到实现。20世纪90年代，叶叔华、谈家桢向上海市领导建议："上海应建科技城，其中当有天文馆。"但是，后来落成的上海科技馆未设立专门的天文展区。到了2010年，叶叔华再次向市政府建言在上海兴建一座科普性质的天文馆，对公众进行天文知识普及，加强对青少年的天文学教育，为深空探测培养后备人才。这一提议得到市领导的高度重视，市委市政府迅速拍板，决定建设天文馆。2012年，上海天文馆的建设主体任务交给了上海科技馆。2016年11月8日，上海天文馆开始动工建设，2021年7月17日正式开馆。

天文馆建筑之美

上海天文馆以"塑造完整宇宙观"为愿景，努力激发人们的好奇心，鼓励人们感受星空，理解宇宙，思索未来。

上海天文馆主建筑以优美的螺旋形态构成"天体运行轨道"，独具特色的圆洞天窗、倒转穹顶和球幕影院这三个圆形元素构成"三体"结构，共同诠释天体运行的基本规律。室外的绿化勾勒出星系的旋臂形态，与附近的"星空之境"公园自然衔接，充分体现了建筑与生态的有机融合。

"家园""宇宙""征程"三大展区

上海天文馆主展区包括"家园""宇宙""征程"三个部分，全景展现宇宙浩瀚图景，打造多感官探索之旅，帮助观众塑造完整的宇宙观。"家园"展区从星空区开始，以国际上最先进的光学天象仪带观众驻足仰望璀璨的星空，随后进入太空区，观众得以在太阳系漫步，惊叹于

上海天文馆亮灯效果图

上海天文馆内景

巨大的地球、月球和太阳，欣赏珍贵的天降陨石，进而直面银河系的壮美，了解人类在太空中的方位；"宇宙"展区从时空、光、引力、元素和生命五个维度全景式地呈现宇宙的奇妙现象，借助众多互动展项带观众一同探索天体演化及运行的法则；"征程"展区则构建了一条璀璨的科学明星之河，展现人类探索宇宙的伟大历程以及对未来天文发展和航天探索的美好憧憬，启发观众深刻的思考和感悟。

真实的天空体验

上海天文馆拥有四大专业级天文观测及天象演示设备。例如：65

厘米自适应光学太阳望远镜（EAST）可在白天实现对太阳的多波段观测，展现高清晰度的太阳黑子、日珥、耀斑等影像；一米双焦点望远镜（DOT）可在夜间带观众欣赏清晰的月面、行星和美丽的深空天体；全球最先进的23米直径多功能超高清球幕影院可带观众进入神秘的宇宙世界；高级光学天象仪则可投射出高精度的模拟星空，为观众带来无比震撼、逼真的星空体验。

此外，上海天文馆还在其他区域分散式地安排了"中华问天"（中国人的天文探索历程）、"好奇星球"（儿童乐园）、"航向火星"（科幻体验）等特色展区以及星空探索营、陨石实验室等教育活动区，以期带给观众更多宇宙探索的体验。

国家级非物质文化遗产：南汇锣鼓书

锣鼓书的前身

锣鼓书的前身为太保书。19世纪50年代，一批老艺人回忆称，太保书的历史可上溯至汉末晋初，始祖为许旌阳。每年八月初八，太保书艺人都要祭始祖。作为一类道场形式的神巫、民俗仪式，太保书专门说唱民间故事、神话传奇，其形成地点就在南汇下沙。清嘉庆年间，下沙盐场的二团人顾秀春擅长讲故事和说笑话。他在朋友的建议下，向道士借了破钹等乐器，开始进茶馆说书。在此基础上，他开创了沪语说唱，缔造了民间曲艺"说唱因果"（所说的故事都有前因后果）的艺术形式。在他影响下，以"说唱因果"形式进行说书的艺人层出不穷，当时仅在下沙，就有太保书艺人70余人，下沙也因此被称作"太保窝"。

太保书的第三代传人唐振良（外号唐驼子）利用说书卖糖献艺，将太保书传至浙江省嘉兴等地。抗战时期，南汇太保书这种表演形式传入上海市区，涌现出一批颇具影响的太保书艺人，如后来成为中国曲艺家协会会员的胡善言、王俊发，上海市曲艺家协会会员的罗一飞等。1945年，以研究太保书为主的"上海永裕社"（上海市永裕说书研究社的简称）成立。太保书在艺术实践中吸取了评话的说表、钹子书的表演形式、宣卷的音乐和民间武术的开打场面，形成了一种独特的、有着鲜明地域特点的民间文化。

南汇锣鼓书的创新

解放后，锣鼓书被赋予了新的内容。1957年，全国举办曲艺汇演，发掘民间艺术。于是，时任南汇曲艺团团长的胡善言采访了在1930年的泥城暴动中攻打盐局的有关人员，编写了名为《打盐局》的太保书，在上海静安书场参加全国"南北曲种新书目会串"，获优秀演出奖。当时，国务院副总理陈云也在现场观看节目。其中，《打盐

锣鼓书表演

局》受到了陈云的好评,他指出:"曲艺也要编演新书,要出人才出作品。"(南汇区地方志办公室编:《话说上海——南汇卷》)

1961年,太保书易名为锣鼓书。20世纪80年代后,南汇文化局对锣鼓书进行挖掘、整理,吸收民歌小调唱腔,使锣鼓书形成了一整套的唱腔艺术。同时推陈出新,开创了锣鼓书新的表现形式,如改坐唱为立唱,单档为双档、多角档,服饰由长衫改为现代服装,探索尝试"锣鼓戏"等。多年来,文化局共创作了近百个锣鼓书作品,较有影响的作品有《夫妻心事》《彩芳办嫁妆》《一只葫芦壳》《造房记》《桃李争春》《战士的吻》《真情献给城里人》等,深受广大观众喜爱。1996年11月,文化部授予南汇"中国民间艺术(锣鼓书)之乡"称号。

进入21世纪,在南汇大开发、大建设的新形势下,南汇进一步加强对锣鼓书这一非物质文化遗产的保护和发扬,新作者不断涌现,原创作品越来越多,创作水平越来越高。锣鼓书艺人们先后创作演出了《无限风光在南汇》《牛书记招商》《一个党员一面旗》《水乡古镇春光美》等多个曲目。为做好南汇锣鼓书的保护和传承,当时的南汇区政府在大团、新场、东海等地建立了5个锣鼓书培训基地,学员达1200多人。2004年4月,南汇锣鼓书被文化部列为上海唯一的国家级民族民间文化保护工程项目。2006年,南汇锣鼓书被国务院列为国家级非物质文化遗产保护项目。

南汇名优特产代表:"早佳8424"西瓜

炎炎夏日,吃上一个皮薄汁多、甘甜爽口的"早佳8424"西瓜,让上海人幸福感爆棚。"早佳8424"西瓜是由中国工程院院士、新疆农科院哈密瓜研究中心育种专家吴明珠教授在1984年的第24个实验组中育成,在南汇推广种植,成为上海夏天的味道。

西瓜在南汇的种植

据清乾隆《南汇县新志》记载,清初南汇已存在西瓜种植产业,品种有乌皮黄瓤、乌皮白瓤、花皮雪瓤等。光绪初年,南汇引进洋西瓜,仅有少数农户小面积种植,亩产量不高。1959年,南汇农民开始种植"浜瓜"。"浜瓜"也称"马铃浜瓜",是南汇著名特产之一。其瓜质鲜甜多汁,皮薄易碎,稍一重放,即行崩裂,因而又称"崩瓜",古巴还曾慕名前来引种。20世纪60年代至70年代,南汇县种植的西瓜品种有"解放""台黑""华东26号""中育1号""浜瓜""黄蜜""蜜宝""湘蜜""金钟冠龙""伊选"等。20世纪80年代,其中的许多品种被淘汰。1988年,南汇地区引进"早佳8424"西瓜,种植面积达6～7公顷。

"早佳8424"西瓜

"早佳8424"西瓜是由新疆葡萄瓜果开发研究中心育成的杂交一代特异早熟西瓜良种。在南汇引进"早佳8424"西瓜后,广大瓜农和农科人员不断改进栽培技术,提高管理水平,使"早佳8424"西瓜成为南汇高产、优质、高效的重要经济作物和名牌产品。1990年,南汇"早佳8424"在全国南方西瓜早熟品种评比会上获得一等奖,果实品质评定得到满分。1995年以来,"早佳8424"一直是南汇西瓜的主栽品种和拳头产品,深受上海市民欢迎,在瓜果市场上供不应求。

"早佳8424"西瓜的全生育期是70～76天,果实自雌花开放至成熟要30天,适宜于中、小棚双膜覆盖早熟栽培。瓜呈圆球形,平均单瓜重3公斤左右,最大瓜重可达9公斤。"早佳8424"西瓜是上海西瓜中的上品:花皮,底色淡绿,有深绿色锯齿状宽条纹,花纹清晰美观;瓜皮薄,平均厚1厘米;瓜瓤红,成熟后不空心、不发绵、不起沙、不倒瓤,剖面光滑,肉质细嫩而松脆,纤维少,果汁多;味鲜甜,中心平均糖度11.1%,最高可达12.8%,边缘糖度9.8%,因而糖度梯度小,品质好,风味佳。

"早佳8424"西瓜的烹饪方法

"早佳8424"西瓜瓜皮坚韧,可供烹饪食用。其方法是在刮除残留的瓜瓤和外层青皮后,将瓜皮洗净切成瓜丝或瓜丁,先用少量食盐略加腌渍,沥去部分水分,再加入糖、醋、味精及麻油、辣油、葱花等佐料凉拌。瓜皮也可以用来炒肉丝、炒鸡丁等,其色泽碧翠嫩绿,食来脆嫩爽口、清香鲜美,并有清热、消暑、醒酒的功效,是夏日佐餐的佳品。此外,民间还有西瓜皮腌制泡菜或酱菜的习惯,而用"早佳8424"西瓜皮腌渍的泡菜更为清脆爽口。

走向世界的滨海未来城

南汇新城位于长江口和杭州湾的交汇处,是世界上少有的集"海、陆、空、铁、水"五种交通于一体的区域。作为上海面向未来的战略空间,20余年来,南汇新城始终坚持产业开发、基础设施、城镇建设、生态环境、产城融合"五位一体"全面发展,逐渐成长为一座产业高端、生态优良、宜居宜业的滨海未来城。

2018年11月5日,习近平总书记出席第一届中国国际进口博览会,在主旨演讲中宣布中央交付上海三项新的重大任务,其中第一项就是增设中国(上海)自由贸易试验区新片区。2019年8月6日,国务院印发《中国(上海)自由贸易试验区临港新片区总体方案》,决定设立中国(上海)自由贸易试验区临港新片区。根据该方案,临港新片区将对标国际上公认的竞争力最强的自由贸易园区,建设更具国际市场竞争力和影响力的特殊经济功能区和开放创新、智慧生态、产城融合、宜业宜居的现代化新城。11月,习近平总书记在上海考察时对上海自贸区临港新片区建设提出"五个重要"新要求:"上海自贸试验区临港新片区要进行更深层次、更宽领域、更大力度的全方位高水平开放,努力成为集聚海内外人才开展国际创新协同的重要基地、统筹发展在岸业务和离岸业务的重要枢纽、企业走出去发展壮大的重要跳板、更好利用两个市场两种资源的重要通道、参与国际经济治理的重要试验田，有针对性地进行体制机制创新，强化制度建设，提高经济质量。"（《上海年鉴》编纂委员会编：《上海年鉴（2020）》）

2020年11月12日，习近平总书记在浦东开发开放30周年庆祝大会上指出，"要更好发挥中国（上海）自由贸易试验区临港新片区作用，对标最高标准、最高水平，实行更大程度的压力测试，在若干重点领域率先实现突破"。（《上海年鉴》编纂委员会编：《上海年鉴（2021）》）

"十四五"期间，上海发展的总体思路是加快形成"中心辐射、两翼齐飞、新城发力、南北转型"的空间新格局。南汇新城既是"五个新城"之一，也是"两翼之一"，其重要性不言而喻。南汇新城北至大治河，西至G1503高速公路—瓦洪公路—两港大道，接中港，东、南至规划海岸线围合区域，规划面积343平方公里，是上海五个新城中面积最大的新城。同时，作为中国（上海）自由贸易试验区临港新片区的主城区，南汇新城承载着特殊经济功能区和现代化新城的核心功能。

2021年1月24日，上海市政府工作报告提出，把嘉定、青浦、松江、奉贤、南汇五个新城打造成独立的综合性节点城市，制定加快推进新城规划建设的实施意见和行动方案。同年4月，为加快打造经济发展重要增长极，构筑上海未来发展的战略新支点的总体要求，上海制定《南汇新城"十四五"规划建设行动方案》。南汇新城围绕产城融合、功能完备、职住平衡、生态宜居、交通便利、治理有效的总体目标，着力塑造"国际风、未来感、海湖韵"的城市风貌，全力建设与临港新片区功能相契合的高能级、智慧型、现代化未来之城。

一座城市的生命力不是毫无生气的水泥森林，不是千篇一律的宽桥阔路，而是其特有的精神风貌和文化印记。一种汇聚众志梦想的精神力量往往会转化成为无形力量，强力塑造着推动地区跨越发展的独特优势和动力源。

纵观南汇新城这一方创业热土的发展历程，临港精神引领发展的脉络清晰可见。临港精神主要体现有三点。第一点是坚定的理想主义，也就是中国梦、临港梦。在2001年至2002年的时候，临港人背着一个手提电脑，提着一台投影机到处做报告，讲临港未来的发展，足迹遍布上海每一个镇。很多人听了以后激动万分，感觉南汇临港包括浦东有一个非常好的发展前景，但是也有不少人对报告提出疑问："临港会发展这么快吗？"临港人坚定地回答："我们的理想、我的梦经过努力，在我们中国共产党的领导下，一定能做到。"今天看来，临港人做到的已经比原来讲的报告更好。这体现了一种理论自信、道路自信、制度自信和文化自信。第二点是坚定的规则精神，也就是"一张蓝图绘到底"的劲头。其主要体现在两个方面：一是城市规划要坚守，不能随意破坏；二是产业定位要坚持，不去招商与定位不相关的行业或者企业。第三点是一种奉献的精神。临港人扎根奋斗，像精卫填海、愚公移山那样建设临港。

"智者乐水，仁者乐山。"南汇新城有洋山港又有滴水湖，是智者喜欢来的地方。南汇新城一定能建设成一座高端的现代化的文化城市，能够让来此居住的市民共享高品质生活。

南汇新城

致谢

在本书的编辑出版过程中，由上海市地方志办公室、中共上海市浦东新区委员会党史办公室、上海通志馆和郑宪章、何方、王培元、王鹤春、李佑荣、王思媛、刑千里、姚旭、张迪、赵立荣、周剑峰、周文强等单位和个人提供图片支持。因图片来源广泛，有些作者未能及时联系，如有遗漏，请联系学林出版社，即付稿酬。

谨向以上单位和个人表示谢忱。

图书在版编目(CIP)数据

走进南汇/吕志伟,吴一峻编著. —上海:学林
出版社,2022
(上海地情普及系列丛书. 服务"五个新城"建设)
ISBN 978-7-5486-1843-0

Ⅰ.①走… Ⅱ.①吕… ②吴… Ⅲ.①南汇区-概况
Ⅳ.①K925.13

中国版本图书馆CIP数据核字(2022)第161212号

责任编辑　李晓梅　张嵩澜
装帧设计　肖晋兴

上海地情普及系列丛书·服务"五个新城"建设

走进南汇

上海市地方志办公室　主编
上海通志馆　承编
吕志伟　吴一峻　编著

出　　版	学林出版社
	(201101　上海市闵行区号景路159弄C座)
发　　行	上海人民出版社发行中心
	(201101　上海市闵行区号景路159弄C座)
印　　刷	上海丽佳制版印刷有限公司
开　　本	890×1240　1/32
印　　张	5.75
字　　数	12万
版　　次	2022年9月第1版
印　　次	2022年9月第1次印刷
	ISBN 978-7-5486-1843-0/G·689
定　　价	58.00元